知的障害特別支援学校 実務ガイド

教師の一年まるわかり！

著 佐伯英明

はじめに

　若いとき、仕事に追われて毎日を過ごしていた。ベテランの先生がそれを見ていて、「こうしたら効率よく仕事ができる。」「次の仕事がやりやすくなる。」「基本の考え方はこうだ。」と仕事のやり方やコツ、考え方を丁寧に教えてくださった。それらをＯＪＴ（On-the-Job Training）で、一つ一つの仕事をしながら実感を伴って学んできた。

　例えば、新年度の準備はいつから始めるのか、教室はどのように整えるのか、児童生徒を引率して遠足に行くときにはどんな準備が必要か、などについてだ。また、日々の授業で躓いたときは、ポイントを絞って実態を把握しているのか、指導の計画が粗いのではないかなど、子供たちへの関わりを見直すときの視点について指摘された。さらに、知的障害教育の歴史、根幹に関わるような考え方についても折に触れて教えられた。

　毎日、子供たちと関わりながら自分自身で考え、ときにはベテランの先生と議論することもあった。指摘を受けて自分の指導を見直し、議論して望ましい指導のあり方を考えた。こうして少しずつ指導力をつけることができたのだと思う。

　本書は、先生方に具体的な仕事の進め方、考え方についてサンプルを提供するものである。仕事をする上でいろいろなことを考える材料として理解していただければありがたい。やらなければならないことについて、できるだけ具体的に実際的なことにこだわって書いた。ある一つの学校の例であると考えていただけばよい。現実場面では、仕事の進め方は学校によって様々であるから、勤務する学校の実情に合わせてアレンジする必要がある。

　本書では２月を新年度の始まりとしている。学校は４月に新年度がスタートして翌年３月に年度末を迎えるが、年度が替わるのは４月からだと思って、

3月になってから諸準備に取り掛かったのでは遅い。しかも3月の上旬には卒業学年は卒業していってしまう。

また、物事は読んだり、見たりして知っているつもりになっていても、いざ実際に取り組んでみると思いがけないことで躓き、想像していたよりもはるかに作業に時間がかかるものだ。だから、2月には当該年度の実践を取りまとめる、つまり新年度の準備を始める必要がある。

知的障害教育の在り方、歴史や基本的な考え方、現在の問題点や将来の方向性など、基本的な事柄を理論的にしっかりと学ぶことはとても大切である。学習指導要領の改訂によって、これまでの教育実践が見直されて整理され、新しい方向が示されているのであるから、今こそ、それらを学ぶチャンスの時である。ぜひ関係図書を読み込んで理解を深めていただきたい。

一方で、学校に毎日登校してくる児童生徒とどう関わるかという具体的な課題と、教師は待ったなしで向き合っている。授業時間はもちろんのこと、休み時間も含めて子供たちと過ごす時間全部における指導的関わりの質を高めることが常に求められているのだ。

2月中に本書を手にしてくださった方は、2月から目を通してやれることから始めていただきたい。4月以降に本書を手にした人は2・3月分ができていないのだから確かに大変だ。4月は特に忙しいから、できていないことについては先送りになるが、学校は年度初めの4月が肝心。時間を見つけて2・3月に書いてあることのうち必要と思うことをやっていくことである。

学校には若い先生方が増えている。ベテランの先生の指導技術を若い先生にしっかりと伝えていくことは学校現場の大きな課題である。本書は経験の浅い先生方にとっては仕事を進める上での参考書として、指導を積み上げてきたベテランの先生には自分の実践を見直すきっかけとして使っていただけたら幸いだ。

児童生徒が学校で過ごす時間はかけがえのない大切な時間である。１秒も無駄にはできない。過ぎてしまった時間を巻き戻してやり直すことはできないのだ。だからこそ、できる限りの準備を整えてスマートに、そして何よりも「子供たちの力を伸ばす」という情熱をもって彼らに関わりたい。

平成 30 年 2 月

佐伯　英明

もくじ

はじめに

第1章　2月・3月

1．今年度のまとめと新年度の準備　……………………………………11

　◆新年度の準備を始めよう ＝ まとめに取り掛かる／11

2．3学期通知表の準備　…………………………………………………12

　（1）通知表は引き継ぎ資料を兼ねている／12

　（2）通知表は具体的な記述に／13

3．3学期通知表渡しの準備　……………………………………………14

　◆通知表渡しと懇談の留意点／14

4．作品の整理　……………………………………………………………16

　◆作品を大切に／16

5．教室の整理・清掃　……………………………………………………16

　（1）まず使っていた教室の整理を／16

　（2）感謝を込めて清掃を／17

第2章　4月

1．実態把握（第1次）　…………………………………………………21

2．教室の準備　……………………………………………………………22

　（1）新年度の教室に荷物を運ぶ／22

　（2）教室の新しい掲示物を作る／22

　（3）改めて教室に入って眺めてみよう／24

3．教材の準備　……………………………………………………………24

　◆実態に合ったカード教材を作る／24

4．入学式・始業式の準備　………………………………………………26

　（1）入学式・始業式の前に教室をチェック／26

　（2）入学式・始業式当日の流れをシミュレート／27

５．実態把握（最初の１週間） ……………………………28
　（１）学校生活のはじまりと実態把握／28
　（２）もう少しでできそうなことを課題に／31
　（３）しっかりした児童生徒をモデルに／32

６．自習課題の準備 ……………………………33
　◆一人で取り組める課題を／33

７．持ち物の把握 ……………………………33
　◆普段から児童生徒の持ち物に注意を／33

８．授業の準備 ……………………………34
　（１）３つのグループに分けた授業の工夫／34
　（２）体育では…／35
　（３）図工・美術では…／35
　（４）作品の掲示にも一工夫を／36

第3章　5月・6月

１．運動会の準備 ……………………………41
　（１）オーソドックスな種目を繰り返す／41
　（２）道具係は児童生徒の活躍の場／42
　（３）集団で競い合う運動会を／42

２．遠足・校外行事の準備 ……………………………44
　（１）下見は丁寧に／44
　（２）実施要項は具体的で分かりやすいものに／45
　（３）中止の判断／45
　（４）事前指導は必ず行う／46
　（５）出発前には持ち物の点検、簡潔に注意事項を／46
　（６）列になって歩くとき／47
　（７）引率時の持ち物／47
　（８）実際に引率するときの留意点／48

３．合宿・修学旅行（宿泊を伴う校外行事）の準備 ……………………………49
　（１）学校で見られない実態を把握／49
　（２）段階を経て宿泊する／50
　（３）荷物、薬などの準備は早めに／50
　（４）普段から人員点呼、列になって移動する習慣を／51

（5）引率時の留意点／51

4．水遊び・水泳指導の準備 ……………………………………………52

（1）入泳判定は慎重に／52

（2）小さなプールでも安全の基本は同じ／53

（3）プールでの水泳指導／54

第4章　7月・8月

1．夏休みの宿題の準備 ………………………………………………57

（1）夏休みの宿題は早めに準備／57

（2）できていることの定着を目標に／57

2．1学期の成績処理 …………………………………………………59

3．1学期通知表渡しの準備 …………………………………………60

4．夏休み中の行事の計画・準備 ……………………………………61

（1）学校内での行事／62

（2）学校外での行事／62

5．2学期の準備 ………………………………………………………63

◆1学期の学習の分析／63

6．技能検定の練習 ……………………………………………………64

（1）様々な技能検定／64

（2）技能検定の練習は授業時間以外で／65

第5章　9月・10月

1．文化祭の準備 ………………………………………………………69

（1）劇、学習発表（舞台発表）／69

（2）催し物（ゲームやカラオケ、お化け屋敷など）／71

（3）模擬店（販売活動）／72

第6章　11月・12月・1月

1．雪遊びの計画 ………………………………………………………77

2．除雪作業 ……………………………………………………………78

3．マラソン大会（耐寒マラソン） …………………………………81

（1）目標を決めて取り組もう／81

（2）一定の速さで走る指導を／82

（3）コースは複数設定しよう／82

（4）健康上の留意点と表彰／83

第7章　年間を通して

1．通学指導 ……87

（1）まずは歩行の指導から／87

（2）公共交通機関を利用するとき／88

（3）思いがけないことへの対応／89

2．児童生徒への対応 ……90

（1）暦年齢相応の対応を／90

（2）肯定的な明るい会話に努めよう／91

3．授業の組み立て ……91

4．学習指導案 ……93

5．授業力を高めるために ……96

6．教科別の指導 ……98

（1）まず、学習指導要領と解説に目を通す／98

（2）学習の態勢を整える／98

（3）課題は少しずつ難しく／100

（4）ICTを使おう／101

（5）基礎になる学力をしっかりと／101

（6）記録を取る／102

（7）定着させるための工夫を／106

7．各教科等を合わせた指導 ……106

（1）全体の関係をつかむ／106

（2）指導形態別の特徴を理解して／107

（3）指導者は共に活動する者として／108

（4）日常生活の指導は生活の流れの中で学ぶ／108

8．遊びの指導 ……109

◆遊びの指導は一人で楽しいことから／109

9．生活単元学習 ･･110

（1）生活単元学習は仲間と一緒に楽しいことを／110

（2）単元の設定は熟考して／111

（3）繰り返しの中で発展していく／113

（4）教師が参加者の一人になる／114

10．作業学習 ･･116

（1）楽しくなくても頑張る／116

（2）指導を始める前に必ず自分で作業を行ってみる／117

（3）テーマや目標を分かりやすく示す／117

（4）新製品を開発しよう／118

（5）分業が基本／119

（6）報告・質問は適度に／120

（7）外注作業を積極的に／121

（8）知識・技能と態度・意欲の評価／122

（9）残　業／125

11．給食指導 ･･125

12．学校からの通信 ･･･････････････････････････････････････127

（1）学級だより、学年通信などはメッセージ性のあるものに／127

（2）体裁にこだわろう／128

13．保護者との連携・協力 ･････････････････････････････････129

14．教室に植物を置く、生き物を飼う ･･････････････････････131

おわりに

第1章
2月・3月

２月・３月

　２月、さぁ、今年度のまとめに取り掛かろう。

　「はじめに」でも書いたが、今年度のまとめはつまり新年度の準備だ。今年度のまとめなのだから振り返りが主な業務であることは間違いないが、新年度の準備と考えると視線がぐっと前向きになる。担当している児童生徒を持ち上がることがないとしても、必要な作業だ。

　振り返ることが目的なのではない。振り返って総括し、次に向かう指導の方向、目標を明らかにすることが最大の目的だ。当然ながら良かったことも、思わしい成果を挙げられなかったこともあるに違いない。うまくいったことは継続が基本、ブラッシュアップしてより効果的なものにしていこう。思わしくなかったことは、なぜそうなったのかを整理しなければならない。立ち止まって考えることが大切だ。そのためには時間が必要であり、逆算していくと２月スタートがベスト。今すぐ取り掛かろう！

チェックリスト

項　　　目	完了予定日	完了日	備　　考
今年度のまとめと新年度の準備			
３学期の成績処理*			
３学期通知表の準備			
３学期通知表渡しの準備			
作品の整理			
教室の整理・清掃			

*第４章２「1学期の成績処理」を参照

1 今年度のまとめと新年度の準備

◆新年度の準備を始めよう ＝ まとめに取り掛かる

　一般的に学校は４月に始まり３月に終わる。４月に始まるということは、３月には新年度の準備が整っているということであり、そのためには、２月にはその年度のまとめができていなければならないということである。

　２月になったらすぐに、その年度のまとめの作業に取り掛からなければならない。最近は２学期制の学校と３学期制の学校が混在している。いずれにしても、年度末の３月には保護者に学習指導の成果について通知表でお知らせしなければならない。懇談もある。

　まず、後期または３学期の目標に照らし合わせて、子供たちにどのような変化があったのか、そうした変化をもたらすためにどのような働きかけをしたのか、こちらの働きかけとの関係で整理する必要がある。保護者には、できるようになったこと、新たに見られるようになった様子などを具体的に伝えたい。通知表にはいろいろ書いてあるけれど、たくさん説明を聞いたけれど、うちの子供はどのように伸びたのかが分からないということのないよう、しっかりとしたバックデータをもとにまとめておきたい。

2　3学期通知表の準備

（1）通知表は引き継ぎ資料を兼ねている

　ほとんどの通知表は、学習指導形態別または教科別にまとめられるようになっている。その項目に従って、日常生活の指導では何が変わったのか。生活単元学習や作業学習ではどのような変化が見られたのか。教科別の学習指導ではどのようなことができるようになったのかなどを書き出してみよう。その中で一番伝えたいことを選び出して、記述することが大切だ。

　その次に、当該年度のまとめの時期なので、1年間の児童生徒の変化をまとめる必要がある。学校での様子全体を俯瞰して、どういう変化が最も大きかったのか、年間を通して働きかけてきたことが効果を上げているのかどうかを検討する。

　上記2つの作業は、次年度への引き継ぎの資料作成と同じである。引き継ぎのために特別な資料を作成するのは時間がもったいない。継続してほしい指導方法を引き継ぐためには、子供たちに変化をもたらした働きかけを再現可能な形で引き継がなければならない。そうしたことを十分に考慮して作成する必要がある。

　2月に入ったら、すぐに作業を始める。実際に通知表を渡すのは3月の上旬（卒業生）から中旬（在校生）だと思って作業を遅く始めると、十分な検討を経ないままそれらを作っていくことになる。2月下旬には、こうした作業が完了していることを目標に日程計画を作成し、計画的に取り組むのが望ましい。

（2）通知表は具体的な記述に

　通知表は、児童生徒の学習の状況を保護者に伝えものであるから、分かりやすく丁寧な記述に努めたい。また、保護者が子供たちの成長を認めてほめるための大切なツールでもある。「〜ができない。」「〜は難しい。」「〜が困難である。」等の否定語で終わらない。これらは、「〜すればできる。」という言葉に置き換えることができる。否定語で終わるということは、できない状態のままにしてあるということを意味する。「○○は難しいが、〜すればできる。」等の具体的な方策を書き込んだ記述になることが望ましい。

　「〜ができればよい。」「〜が望まれる。」など希望的観測を書かない。他人ごとのように感じられる。関わっているのは他でもない、通知表を書いている教師本人であるから、どのように関わって、何ができるようにしたいかを明確に示すことが望ましい。

　「時々」「かなり」「少し」「ほとんど」など頻度を表す言葉を多用しない。この言葉は、実際にどういうことなのかが分からない。「時々」というのは何回に1回くらい起こることを指すのか。「かなり」も同様。「少し」というのはどのように少しなのか、具体的な様子を知っている書き手は意味が分かるけれども、具体的な様子を知らない読み手は分からないと考えるべきである。人によって、こうした頻度の基準も違うものである。なんとなく分かった気になるが、実際はほとんど分からないのがこうした記述の落とし穴だ。また、「以前と比べて〜」という記述も、以前がどういう状態だったのかが分からなければ、意味が通じない。

　10回のうち何回できるようになったというように具体的な数字を示して記述したい。名前を呼んだら確実に返事をするのか、2回

に１回返事をするのか、10回に１回は返事をする場面が見られるのか、こうしたことが書いてあれば、読み手は返事をする頻度が分かる。少し返事ができるようになったというだけでは、頻度のことか、様子のことか、いつ名前を呼んだのかが分からない。

　具体的で正確な記述は、指導方法を引き継ぐためにも有効であり、自分自身の関わり方を検討する際にも有効である。

3　3学期の通知表渡しの準備

◆通知表渡しと懇談の留意点

　２月中にまとめた通知表を何度も読み返し、児童生徒の変容についてどの角度からも説明できるようにしておく。

　全体的な発達（運動、認知、学習、コミュニケーション、社会性など）をチェックし、学校での学習についてよどみなく、生き生きとした様子を伝える。教師（こちら）側からの働きかけとの関係で説明する。

　そもそも、通知表と同様に懇談は、学校が保護者に対して、学校の教育実践、児童生徒の成長、課題などについて説明し、児童生徒に関する情報を共有し、連携して彼らに関わっていくために行うものである。

　前日には、通知表渡しで保護者に渡すもの（作品やプリント類、お知らせ類、学校に保管していた持ち物など）を子供一人ずつにきちんと整理してまとめておく。さらに、通知表渡しのときの説明内容を補足するような資料（学習成果を表やグラフで分かりやすく示

したものなど）を準備しておく。忙しい日中の時間帯に、保護者によっては仕事を休んで学校に来てくださったりするのだから、短い時間で効率よく、分かりやすく子供たちの様子を伝えたい。

　伝える内容もまとめておく。なお、年度末なので次年度へのつなぎ、次の指導の見通し、具体的な指導についての案なども示さなければならない。年度末に、私の担当はここまでだからというような、あとの指導については関係がないという無責任さを感じさせるような態度は厳に慎むことが望まれる。次年度に自分が担当しなくても、クラスの児童生徒は卒業するまでは同じ学校で学び続ける。学年が替わったり、学部が違っていても同じ学校で子供たちに指導する教師の一人として関わり続けなければならない。また、指導の引き継ぎがうまくいかない場合は次の指導者に、積極的に力を貸すべきである。その指導者がうまく関われないことの責任を、その人だけに負わせておくことはできない。

　指導の引き継ぎ、継続は学校において何より重要である。そのことをしっかりと認識して、通知表渡しや懇談に来られた保護者と向かい合いたい。

4　作品の整理

◆作品を大切に

　年度末の２月には、持ち物や作品の整理を行う。作品はきちんと制作日時順に綴るかまとめるかする。作品を大切に扱っていることが子供や保護者にも分かることが大切である。さらに、家庭に持ち帰ることで、学習の成果、学習の過程が分かるものであることが望ましい。毎日の学習で繰り返し行ったプリント類は、ある程度の間隔で学習の成果がよく分かるものを選んで持ち帰らせたい。保護者がプリント類を見て子供をほめることができるような出来映えであることが重要である。

　作品の持ち帰りも通知表と同様に、保護者が子供をほめてあげられるようにすることを目的とする。学校から持ち帰ったものをもとに保護者から小言を言われたり、叱られたりすれば、子供は学校から持ち帰ったものを保護者に見せなくなる。保護者と学校の関係にも良くない影響を及ぼすと考えるべきである。

5　教室の整理・清掃

（1）まず使っていた教室の整理を

　通知表渡し、懇談が終了したら、教室の整理を始めよう。まずは児童生徒の持ち物と作品のうち、懇談のときに返せるものは返しておき、終業式の日に持ち帰る荷物が少なくなるように配慮したい。最後の日まで使うものは使いやすく整理しておき、それ以外のもの

は徐々にまとめておく。

　年度末の終業式が終わったらすぐに、まずそれまで使っていた教室をきれいに掃除する。教卓の中、ロッカー内にある荷物（自分の教材・教具類、資料類など）はすべてダンボールに詰めて、教室の一角にまとめておき、新しい教室が決まったらすぐに移動できるようにしておく。

（2）感謝を込めて清掃を

　掃除は、徹底して行うのが基本。この教室を子供たちと一緒に一年使わせてもらった感謝と次に教室を使う子供たちが気持ちよくスタートを切れるよう心を込めて掃除する。普段できないところまで（ロッカーの中、チョーク入れ、教卓の中、黒板照明の傘、高窓も含めた窓全部など）しっかり拭き掃除をしてきれいにする。

　年度末、最後の授業日、終業式のあった日にしてしまいたい。この作業は、次にその教室を使用する教師の仕事を減らすことにもなる。教師集団として、互いへの配慮として行うのが当たり前としておきたい。

　合わせて、カーテンレール等、教室内に破損した箇所や不具合があれば、管理職と係の先生に届け出て、すぐに修理するよう手配する。自分が副担任や級外ならば、担任がするべきこうした業務を進んで手伝おう。

第2章

4月

4 月

　4月、いよいよ新年度が本格的にスタートする。4月1日から学校に児童生徒が登校してくる最初の日まで、つまり始業式、入学式の日までが最初の仕事のピークだ。新年度の初めの会議が次々とあり、その合間を縫って自分の担当するクラスの準備を着々と確実に整えていかなければならない。

　児童生徒はワクワクしながら登校してくる。「どの教室だろう。」「どんな先生だろう。」「どの友達と同じクラスだろう。」子供たちは目をキラキラさせて校門をくぐるに違いない。子供たちが明るい気持ちを持ち続けて登校できるよう、4月は特に心して子供たちに向き合おう。仕事はいっぱいあるが、ともかくスタートは肝心。はじめにがっちり準備を整えて子供と保護者の気持ちをぐっとつかみたいものである。さぁ、張り切って準備を始めよう！

チェックリスト

項　　　目	完了予定日	完了日	備　　考
実態把握（第1次）			
教室の準備			
教材の準備			
入学式・始業式の準備			
実態把握（最初の1週間）			
自習課題の準備			
持ち物の把握			
授業の準備			

1 実態把握（第1次）

　クラスの発表があって、一番はじめにしなければならないのは、新たに担任する（関わる）ことになった児童生徒の実態把握である。

　まずは、子供の状況についてアウトラインを知ることが大切だ。最初は障害の状況。どのような疾病なのか、どうした原因で障害があることになったのか、その障害の特性は何か、予後はどのようになっているか、服用する薬の種類と効果及び副作用など、その子の障害や疾病について可能な限り情報を集めておく。さらにこれまでの治療歴、相談歴なども把握する。あわせて、現在の健康状態についても把握したい。睡眠はどうか、生活のリズムは、情緒の安定についてはどうかなどである。

　次に、学校での学習の状況について把握する。コミュニケーションの程度、文字や数の学習進度、作業学習や生活単元学習での活動の様子などを知る。文字や数は、実際にどんな字を書くのか、ひらがなはどの程度読めるのか、文章の理解はどの程度なのか、数は読めるのか、書けるのか、同じ数だけものがとれるのかなど、できることを具体的に把握することが大切だ。

　あわせて、日常生活技能や好み、趣味、友達との関係、家庭の状況なども押さえておきたい。

　これらは学校にある書類で把握する。新入生ならば入学関係書類、在校生ならば指導記録、個人ファイルなどを参考にする。1枚の用紙にクラスの分をまとめておくとよい（表1参照）。あまり細かく書く必要はない。児童生徒に関するいろいろなことについて概要を知るのが目的である。

表1　クラスの児童（生徒）の概要

児童(生徒)名	障害名	相談歴治療歴	服薬	健康睡眠	ことば国語	かず算数	家庭	備考
○○ ○○								
△△ △△								

2 教室の準備

（1）新年度の教室に荷物を運ぶ

　最初の職員会議で新年度に使用する教室が分かったら、すぐに荷物を運ぶ。3月まで使っていた教室に長い間荷物を置いておくと、新しくその教室を使うことになった教師が新年度の準備ができない。

　まず、新たに使うことになった教室に荷物を運び、次に教室内に破損箇所や不具合な点がないか点検する。もしあれば、すぐに管理職と係の教師、事務部等に連絡して対応する。また、早く修理できない場合は、前にその教室を使っていた教師に連絡し、どのような点に注意して使っていけばよいかを聞いておく。はじめに行うのは荷物の簡単な整理のみでよい。

（2）教室の新しい掲示物を作る

　学校が始まる始業式（入学式）の日までに教室に掲示するもの（時間割表、児童生徒名、スクールバスの利用表など）や朝の会（朝のショートホーム）で行うカレンダーワークに使用する教材類（曜日、

天気のカードなど)を整える。これらは児童生徒の実態と深く関わった掲示物なので、昨年度使用したものや使い回しのものを安易に掲示しないことが大切である。

　掲示物を作るときには、担任する児童生徒についての実態把握をもとに作成する。たとえば、時間割表を作成する場合、ひらがなが読める児童生徒が多いときは、漢字に読み仮名をつけたものを作成する。文字の読み書きが難しいときは、マークや写真を用いる。教科や場所を示すマークなどを使って、子供たちに分かりやすく示す工夫をしたい。

　だから、児童生徒の実態によっては、同じ時間割表を文字だけのもの、文字とマークのもの、さらに写真を加えたものなど、複数掲示することもある。示されている時間割が同じでも、手がかりにするものの種類が違う場合は、そうしたことが起こりうる。マークなどは学部で統一したり、一般化されているものを使ったりすることが望ましい。

　カレンダーワークの教材も同様である。子供たちの実態が違うのに、一通りの教材だけで朝の会の活動を繰り返すのは、得てして障害の重い子に無理をさせ、軽度の子には他の子供が課題を終えるまで待たせて我慢させることになりがちだ。また、机やロッカーなどに示す名前の標示も、本人が分かりやすいものを準備する。動物や果物のマークが分かりやすいからと多用することは控える。必要な情報を分かりやすく、すっきりと掲示すること、年齢相応か、発達段階より少しだけ難しい高度な標示をすることを心がけたい。

（3）改めて教室に入って眺めてみよう

　準備が終わったら、改めて教室の扉を開けて中に入り、掲示したものをもう一度眺めてみる。新年度を迎えて、教室に入ってきた児童生徒が明るい気持ちで過ごせるだろうか。もし１年生のクラスなら、入学した子供やその保護者がこれからの一年を過ごす教室をどのような思いで眺めるだろうか想像する。季節を表す掲示はどうか、飾り、花などがあるうるおいのある環境になっているかどうか、新しい目で点検する。子供と保護者が「このような教室ならば楽しく、気持ちよく生活や学習ができるだろう」と感じる教室にするために手間を惜しんではならない。はじめが肝心なのである。

3　教材の準備

◆実態に合ったカード教材を作る

　教室の準備とともに、児童生徒の実態をもとに授業の準備に取り掛かる。実態把握は教室の掲示などでも生かされるが、授業の教材・教具作り、授業展開を考える上でこそ、それは生かされなければならない。

　最近はラミネーターが安価であるため、どのカードにもラミネートされていることが多い。そうしたカードは確かに汚れにくく、強い。そして長持ちする。しかしながら、長持ちするということは子供の変化に合わせてカードを替えることが少なくなることにつながりやすい。

年度はじめは、漢字に読み仮名をつけたカードを使っていたが、途中から漢字だけで読めるようになった場合は、カードは速やかに漢字だけのカードにすることが望ましい。絵や写真とひらがなで示していたカードについて、絵がなくても分かるようになれば、直ちにひらがなだけのカードにすべきである。指導とともに、教材は変化していくものなのに、１種類の教材で実態が大きくかけ離れた何人もの児童生徒に対し長期にわたって関わっていくというのは、多くの問題がある。子供たちがその状況に慣れてしまって何も言わないだけである。もしくは、有効であるというのは教師の勝手な思い込みであろう。

　ときには、木製のカードや変色したり色あせたりしているカードを用いて授業をしている様子が見られる。本章２「教室の準備」で述べたように、そうしたカードを黒板に掲示していて、４月に教室に入ってきた子供たちが、新しい気持ちになれるだろうか。

　カードは基本的に紙でよい。紙だからこそ、丁寧に扱うことも指導できる。児童生徒の学習が進めば簡単に作り替えることができる。大がかりで頑丈なカードである必要はない。壊れたら、修理したり新しいものを作るときに、もっと子供たちの実態に合ったカードを作ろうとするはずである。厚紙と磁石を使って、簡単なカードを作るのがよい。ただし、カードを作るときの紙は、良いものを使いたい。単なる上質紙ではカラー印刷したときに発色が悪い。せっかく作り、児童生徒が一定期間学習に使うものであるから、美しく印刷できる用紙を使ってきれいなカードを作成するとよい。

4　入学式・始業式の準備

（1）入学式・始業式の前に教室をチェック

　入学式・始業式の前にもう一度確認の意味で教室をチェックしよう。教室の中と外に分けて以下にチェックポイントを示す。

■**教室の中のチェックポイント**
　①教室の机の上には、児童生徒の名前が分かりやすく表示されているか。
　②着替えロッカーや教材棚には、児童生徒の名前が分かりやすく表示されているか。
　③学級目標、学級の児童生徒の一覧、登下校の交通手段や利用するスクールバス等が正しく、見やすく掲示されているか。
　　※児童生徒の名前に誤りがないか、しっかりと確認すること。
　④当日の朝の会で使う教材類が準備されているか。
　⑤当日の流れを分かりやすく示してあるか。
　⑥教室の掃除が行き届いているか。（特に、水回り）
　⑦児童生徒用の机、いすがきれいか。傷んでいないか。
　⑧配布物等がそろっているか。（配布物の一覧表をもとにチェックする）

■**教室の外のチェックポイント**
　①下足ロッカー（下駄箱）には、児童生徒の名前が分かりやすく表示されているか。
　②傘立て（傘かけ、コートかけ）の場所は分かりやすく表示されているか。
　③廊下側から教室を見たときに、教室名が分かりやすく表示されているか。

入学式や始業式の当日は新年度の始まり。新入生ならば新しい学校生活の始まりになる。保護者も同伴で登校してくる場合が多いのであるから、保護者の気持ちも十分に思いやって万全の準備を整えたい。

点検は、児童生徒や保護者がその教室に入ったときにどのように感ずるかという視点で行い、実際に児童生徒や保護者に接するときには落ち着いたあたたかみのある対応に努めなければならない。

最後にもう一度教室を見回そう。新年度をスタートさせるにふさわしい、明るい感じの教室になっているか。春の花があれば、教室がぐっと華やかになる。

（2）入学式・始業式当日の流れをシミュレート

教室等の一通りのチェックが終わったら、当日の流れをシミュレートする。朝、登校してから、教室で過ごす時間、式場（体育館）などへの引率経路、式後の児童生徒への働きかけ、保護者への説明などの動きを確認する。写真等で自分のクラスの子供の顔をもう一度確認。朝一番に会って声をかけるところから順に、具体的にイメージする。同時に、実際に子供や保護者が目の前にいると思って、声に出していろいろ話をしてみることが大切。うまく話せると思っていても、実際に話し始めると同じことを繰り返して説明してみたり、あやふやな説明になるところが出てきたりするものだ。簡単な原稿があってもよいくらいである。分かりやすい話になるように努めたい。

5　実態把握（最初の1週間）

（1）学校生活のはじまりと実態把握

　まずはじめに、しっかりと今の児童生徒の実態を把握したい。例えば、以下のような項目が挙げられる。

■登校～朝の会

①スクールバスを降りたら、下足ロッカーで自分で上履きに替えて教室に来られるか。

②教室に着いたら連絡帳などの提出物を出せるか。

③自分のロッカーで登校時の服から運動服への着替えはできるか。

④脱いだ服をハンガーに掛けたり、たたんだりできるか。

⑤かばんやランドセルを棚に入れることができるか。

⑥朝の会では、自分の席に着席して参加できるか。

⑦日付や曜日、天気は分かるか。

⑧当番の仕事ができるか。（号令、友達の名前呼び、朝の会の進行など）

⑨名前を呼ばれたら返事ができるか。挙手ができるか。

⑩友達や先生の話を静かに聞くことができるか。

⑪朝の歌を歌えるか。

⑫時間割を見て、一日の流れが分かるか。

■排泄・食事

①排泄は自分でできるか。（小便・大便）

②手洗いができるか。

③うがいができるか。

④配膳を手伝うことができるか。

⑤食事を自分で食べることができるか。

⑥食事を終えた後、使った食器を片付けることができるか。

⑦テーブルを拭くことができるか。

■終わりの会

①運動服から登校時の服に着替えることができるか。

②脱いだ運動服をたためるか。（袋に入れられるか）

③たたんだ運動服や連絡帳、お知らせなどの配布物を、かばんやランドセルに入れられるか。

④明日の諸連絡、時間割などを自分でメモできるか。

⑤明日の活動をイメージできるか。

⑥教室から下足ロッカーまで一人で行くことができるか。

⑦靴を履き替えることができるか。

⑧自分の乗るスクールバスや支援機関の車に乗ることができるか。

　あっという間にはじめの１週間は過ぎていく。しかし、この期間に実態をしっかりと把握することが大切である。これがスタートラインだ。実態を把握しながら、実際には指導も行っていく。はじめはできなかったが、できるようになっていく場合もある。単に場所や教師に不慣れなためにできなかったということも考えられる。だからこそ、最初の１週間の記録は大切だ。

またどのくらいの支援・介助でできるのかも次の指導を考える上では重要な情報だ。子供たちに関わりながら、少しずつ介助を減らしたり、手がかりになる刺激を示したりして指さしだけでできるのかどうかなど把握したい。

この時期の実態把握では、あまり言語指示を多用しないことが肝心。教室の中が教師の指示だらけになってしまうし、児童生徒が指示待ちになるもとである。分かりやすい指示をしっかりと出したら、子供の様子を見守りつつ、静かに個別に小さな声で対応するか、指さしなどで気づきを促す支援が望ましい。

児童生徒が下校したあと、子供たちに関わった教師が集まって、さっと実態を確かめあう。これにより、より正確な実態把握が可能になり、教師集団で子供たちの様子を共通理解できる。一人で全部チェックするよりは、実態把握がより確実になる。

また、この時期にはあまり詳細な実態をチェックする必要はない。全体的にできることとできないことを把握するのが目的だ（表2参照）。

表2　児童生徒の実態把握（最初の1週間）

項目＼氏名	○○　○○	△△　△△	□□　□□	◇◇　◇◇
①履き替え				
②提出物				

これも一枚の用紙でクラスの子供全員のことが分かるとよい。必然的にグループ分けの資料が出来上がってくる。

一度に複数の児童生徒が着替えをする場合などは、実態を把握しにくいのが現状だろう。小学部の低学年では、級外の教師に応援に来てもらおう。担任としては、できるだけどの子についても自分が関わって実態を把握したい。

（2）もう少しでできそうなことを課題に

　こうして全体を把握したら、もう少しでできそうなことから指導を開始する。ちょっとしたことでも、できるようになると児童生徒は自信を持ち表情がよくなる、ほめることが多くなると教師との関係もよくなる、ひいては保護者との関係をよくする。小さなことの積み重ねが大きな変化につながっていく。はじめから大きすぎる目標を立てないことだ。

　指導を始める前には、必ず作戦を立てる。指導手続きをできるだけ具体的に決めておく。そして、それをできるだけ忠実に実行する。また、２週間～１か月のスパンで必ず指導の効果を確かめていく。同じことを繰り返してもできるようになるとは限らない。指導の仕方が悪ければ、いくら繰り返してもできるようにはならない。むしろ、悪い癖がつくことになりかねない。

　一定期間を経過して、児童生徒に望ましい変化が生じていないとすれば、こちら側の関わり方、指導手続きを見直してみる必要がある。

　いよいよ、子供たちが登校してきた。教室は児童生徒の声が響いて賑やかである。それぞれに、慣れない環境、先生にも友達にも教室にも慣れていないので戸惑いがある。どの子も先生に自分の方を

見てほしいと思っているし、自分のやりたいことができるかどうか
を確かめようとしている。こんなときこそ、春休み中にしっかりと
読み込んだ指導記録の内容を生かして積極的に関わっていきたい。

（3）しっかりした児童生徒をモデルに

　まず、よく指示が通る比較的行動のコントロールができる児童生
徒に重点的に関わりたい。この子たちが、教師の指示で落ち着いて
行動すれば、それが他の子供のモデルになる。クラスの中で子供を
ほめる場面をたくさん作れるか、それとも注意を与える場面が多く
なるかの分かれ目だ。

　良い行動をほめ、それを維持、定着させる。クラスの中でそうし
た行動がとれる子供が何人かいると落ち着いた雰囲気にもなる。そ
して、それが良いモデルになるので、まねをして適切な行動をとれ
た子供をほめることができる。

　なかなか指示の通らない、関わることが難しい子供たちもクラス
にはいるが、そうした子供に注意を向けすぎて、よく指示が通る子
供たちへの対応が不十分になると、クラスにモデルがいなくなって
しまう。そうしたことの結果は、以前はできていたことができなく
なるという形で、本来なら指示の通る軽度の子供たちにも現れてく
る。こうなると、どの子にも指示が通りにくくなるから、教師は注
意ばかりしなければならなくなり、当然のことだがクラスの中が騒
がしく落ち着きのない雰囲気になる。

6 自習課題の準備

◆一人で取り組める課題を

　教室に簡単な課題、児童生徒が取り組めそうな、一人でできそうな自習課題を準備しておき、それらをうまく使いたい。着替えや持ち物の整理、提出物を出すことなどが少し早く終わったら、その課題を使って静かに取り組みながらクラスの全員がそろって活動できる場面になるまで待たせたい。色塗りでも、シール貼りでも、漢字や計算のドリルでもよい。積み重ねて練習したものは必ず成果となって現れてくるし、取り組んだ課題に対してほめたり、指導したりすることができる。ちょっとしたことの積み重ねが大きな変化につながっていく。

7 持ち物の把握

◆普段から児童生徒の持ち物に注意を

　日頃から児童生徒の持ち物はきちんと把握しておくことが大切である。連絡帳に他の子供宛のお知らせが挟まっていたり、別の子の着替えを持ち帰ったりするのは、些細なこととはいえ、保護者の信頼を失うのには十分な出来事である。１回もないに越したことはない。こうした些細なことを確実に行ってこそ、保護者からの信頼を得ることができる。

　例えば、どんな色の筆箱を普段から使っているのか、色鉛筆の色はきちんとそろっているか、運動服の袖口などに汚れはないか、名

前がちゃんと書いてあるかどうか、（下着のシャツなどにも家庭によって名前を書く場所が違っているから、それを把握する）など、子供の持ち物に注意を払うことが大事。そうしていれば、普段とちょっと違うことが起こると、すぐに気がつく。気がついたら、すみやかに保護者に確認をとったり、同僚職員に確認をとることが必要。こうしたことを確実に行っていれば、誤って別のものを持たせそうになっても、その誤りに教師自身が自ずから気づくことができる。特に運動服の肘、膝などは薄くなっていることがある。保護者が気づく前に、学校からこうした情報を適切に保護者に伝えたい。

　ものを大切に使うこと、人のものと自分のものを区別することは、小学部の低学年のときから丁寧に教えたい。いろいろなものを大切に扱うことは、落ち着いた振る舞いにつながる。おおざっぱでぞんざいな物の扱いは、そのまま子供の荒れを示すものと捉えたい。何よりも、教師が児童生徒の持ち物を把握し、それらを丁寧に扱っていくことが彼らに物の大切さを教えることにつながる。

8　授業の準備

（1）3つのグループに分けた授業の工夫

　どんな授業でも、子供たちの課題に応じて3つぐらいのグループにして考え、どのグループも十分な活動ができるよう授業を組み立てたい。以下に、体育、図工・美術の例を挙げる。

（2）体育では…

　体育は、運動量の確保をまず優先させる。子供たちにとって十分な運動量のある活動を授業の中に必ず組み込んでいくようにする。最近は、考える活動、話し合う活動が重視されるので、体育の授業でも座って意見を発表する授業も見受けられるが、体育のメインは身体を動かすことであることをしっかりと意識しよう。

　どんな運動課題であっても身体を動かすのであるから、うまい子とそうでない子が出てくる。模倣動作がとれるのか、課題が理解できるのか、バランス、筋力や持久力はどうか、そういうものが総合的に身体の動きに現れてくる。

　比較的上手に動くことができる子、少しの支援で課題に取り組める子、積極的な支援が必要な子と大きくは３つぐらいのグループに分けて、授業の展開を考えたい。

　全体で取り組むことができる活動と３つぐらいのグループに分かれて行う活動を授業の中でうまく組み合わせて、どの子もそれぞれの運動の実態に合わせて、十分に運動できるように考えよう。

(3) 図工・美術では…

　３つぐらいのグループに分けて活動を考えることは、図工・美術においても同じである。色を塗る、のりで貼るなどの作業を始めると、どうしてもスピードに違いがあるために、早い子は待ち時間が多くなり、遅い子はいつも急かされることになる。課題の難度や数を調整することで、どの子にも十分な活動で達成感を味わわせたい。

　例えば、ぶどうの房を作るという課題の場合、紫の丸いシールを台紙に貼り付けていく方法、あらかじめ描いてあるぶどうにクレヨ

ンか絵の具で色を塗る方法、紫の画用紙に○を描きそれをはさみで切って、のりで貼る方法など、課題そのものを何通りも用意できるし、また、材料をたくさん用意しておくことで、同じ活動であっても量を増やすこともできる。課題が分かりやすく示され、何をすればよいかが児童生徒に伝われば、活動は自ずと充実したものになる。

　児童生徒に同一題材で同じ指示を出し、支援の程度だけの調整で授業を進めた場合、多くの支援を必要とする子供の活動のほとんどを教師がすることになりがちだ。先のぶどうの房の例で言えば、クラスに子供が6人いたとして、その全員が画用紙に描いてあるぶどうに色を塗ることを想定してみよう。枠の線をあまり意識せずにクレヨンで塗ってしまう子の場合は、一面紫色になってしまうかもしれない。絵の具なら色の濃さや塗りやすい溶き具合などの調整が必要であるが、水で薄めすぎて薄紫色のぶどうになるかもしれない。結局、難しいと思われることは教師が手助けし、場合によっては教師が子供の手を持って色を塗ることになるだろう。できることを授業の中に準備しておけば、その子なりの活動が展開できるので、楽しく取り組めるものになるはずだ。きっと作品も子供の力が表れた良いものになるだろう。

（4）作品の掲示にも一工夫を

　児童生徒の作品は学校の教室や廊下に掲示するが、保護者が見たときに「これは何を描いたのだろう。」と不思議に思わないような作品を作りたいものだ。もし、分かりにくいものになった場合でも、キャプションや解説を読めば「なるほど！」と保護者が作品につい

てうなるほどのものにしておきたい。保護者が学校へ来て自分の子供の作品を見て、良い出来映えに感動し、家に帰ってからその子をほめてくださるほどの素敵な掲示を目指したい。

　同じ作品を掲示するのは長くて１か月ほどの期間と考えたい。なかには学期中ずっと同じものを掲示しているとか、一回貼り出したものは年間を通じてはずさないという例もあるが、それでは教室が掲示物であふれてしまう。壁や窓などに掲示物が多すぎるのも、教室を落ち着かない雰囲気にする一つの原因である。季節に合わせて作った作品が時期を過ぎてもずっと掲示されたままになっているのは、教師団の気持ちがそうしたところにまで行き届いていないことを示している。季節に合った適切な作品と教師が作った掲示物があるように心がけたい。

　学校には保護者もよく来校する。外部からの来校者も少なくない。子供たちの素晴らしい作品を気持ちよく見ていただこう。

第3章
5月・6月

5月・6月

　5月、学校が始まってから約1か月が経過して、児童生徒が新しい環境に慣れてくる。教師も子供たちの特性が分かってきて、新しい学級が落ち着いてくる時期だ。

　運動会や校外学習など、行事も行われる。季候も良く1学期の中では最も落ち着いて学習できる季節である。4月の実態把握をもとに効果的な学習を展開しよう。

　6月は、1学期の折り返しを過ぎて後半に入る時期。プールなど水に関わる学習が始まる。また、高等部では就業体験実習（現場実習・職場実習）が始まる学校が多い。7月は学期末で慌ただしく過ぎるから、6月中に1学期のまとめをするつもりで取り組みたい。

　気候的には梅雨の時期、じめじめしたり急に暑くなったりする。子供たちの健康に十分留意して、指導を積み上げよう！

チェックリスト

項　　　目	完了予定日	完了日	備　　考
運動会の準備			
遠足・校外行事の準備			
合宿・修学旅行（宿泊を伴う校外行事）の準備			
水遊び・水泳指導の準備			

5月・6月

1　運動会の準備

　運動会は学校の主要行事の一つである。１学期に行われるところと２学期に行われる学校があるが、いずれにしても学校全体を挙げての行事であり、保護者に児童生徒への指導の成果を見ていただくよい機会である。ここでは春、５月に行われることを想定して話を進める。

（1）オーソドックスな種目を繰り返す

　運動会の競技種目としては、個人競技、団体競技とも一般の運動会で行われているオーソドックスなものを行うのがよい。個人競技なら徒競走、障害物走など、団体競技ならば玉入れ、綱引き、大玉転がしなどである。こうした競技は地域で開催される社会体育大会でもよく行われている。卒業後に地域で生活していく児童生徒にとっては、学校の運動会での経験は有用であろう。

　また、毎年競技の種類を変える必要はない。何年も続けて行えば、数回の練習で本番に臨むことができるようになる。飽きるほど練習する必要はない。次の年はチームも同じではないので、同じ競技であっても同じ展開をするとは限らない。むしろ、同じ競技だからこそ、上級生は下級生をリードすることができる。競技のコツも分かってくる上に見通しを持ちやすいので、練習時間も短縮できる。

　毎年競技の内容を変えて、複雑なものにすると練習にも多くの時間が必要になり、児童生徒にとって分かりにくいものになりやすい。そのことはそのまま、応援に来られた保護者にとっても分かりにくいということにつながる。どちらが勝っているか分からない競

技は見ていておもしろくない。競技種目は一般的なものを繰り返すのが最もよい。小学部から高等部まで共通していえることである。

（2）道具係は児童生徒の活躍の場

　運動会は多くの道具が必要である。出し入れには児童生徒たちの力を発揮させたい。多くの特別支援学校では、教師の数が比較的多いため道具の出し入れなどを教師が担当していることが多い。ボランティアや保護者会が手伝ってくださるときもある。

　しかしながら、道具の出し入れは、小学部ならば高学年の児童、学校全体で行っているのであれば高等部の生徒などが活躍する場である。必要な仕事を役割として与えられることほど、やりがいのあることはない。担当の教師がついて、子供たちに精一杯の活動をさせてやりたい。もちろん、ボランティアや保護者が一緒に手伝ってくださってもよいが、できるだけ子供を主役にして活動させたいものである。児童生徒の過剰な負担になると心配する意見もあるので、その点にも十分配慮しながら子供たちに頑張ってもらうことが大切である。負担になるかもしれないからと配慮しすぎて、何もさせないというのは学習する機会を奪っていることになる。

　道具係だけでなく、放送・進行の係、低学年の誘導など、子供たちができそうなことは、できる限り担当させた方が、実際の活動の中で学ぶことが多いはずだ。

（3）集団で競い合う運動会を

　個人競技の大会のようにして運動会を行っている学校もあるが、できれば運動会は、赤団、白団というように団体で勝敗を競う形が

よい。学校の中で団を組織して、それらが競い合うという経験は、運動会ぐらいでしか経験できない。自分はどの団に所属しているのかを知り、力を合わせて団旗を作る、競技中は自分の団を応援する、勝ち負けに喜んだり悔しがったりする、これらはすべて大切な経験である。児童生徒は、前年に自分が所属した団やどの団が優勝したかなど、勝ち負けに絡んでよく覚えているものである。開会式、閉会式をきちんと行って、入場行進、選手宣誓など、いろいろな場面で子供たちが団を意識するように計画する。競技の結果として優勝、準優勝のカップや盾を渡して表彰し、頑張ったことを讃えたい。

2 遠足・校外行事の準備

　学校や先生、そして友達、教室での授業にも少しずつ慣れてきて
落ち着いてきた頃、遠足や校外行事（以下、「遠足」）が計画されて
いることが多い。遠足などの行事は学校生活に楽しみや張りを与え
るスパイスである。子供たちは心から楽しみにしているものだ。朝
の表情、バスに乗ったときの顔を見ればそのことがよく分かる。児
童生徒にとって楽しいものになるように、引率する教師には緻密に
計画を立てて、確実に実施することが求められる。

（1）下見は丁寧に

　遠足を計画するとき、まずは行き先について候補をいくつか挙げ
る。たいていは、それまで学校で何度か行っている場所が候補とし
てあるので、その中から選ぶことになる。一日かけて出かける遠足
なのか、2時間ほどの授業時数で行うものなのかによって行き先が
変わってくるので、目的によってしっかりと行き先を選びたい。校
外での行事は、いつもとは全く異なった環境で学習することになる。
事前の下調べ、準備は確実に行いたい。担当者になったら必ず行き
先と経路について下見をし、実際のコースを歩いてみることが必要
だ。どんな交差点をいくつ通るのか、子供の好きな花が咲いている
庭がないか、途中で休憩できるトイレのある公園はどこか、突然犬
が吠えたりすることはないかなど、細かな点に気をつけたい。工事
中のところがあったり、樹木が思いがけず道路側に出ていたり、一
部で歩道が途切れていたりすることも珍しくない。ふつうは2列縦
隊で歩いて行くので、児童生徒が2列で安全に通行できるかどうか、

信号付近は見通しが良いかなど引率して歩く場面を想定して確認する。不都合があればコースの変更も考えなければならない。より安全で子供たちが楽しめるコースを設定したい。

　行き先の公園や施設では、集合場所として適切な広さの場所があるかどうか、トイレや水飲み場は整っているかどうか、危険な場所（池など）や遊具がないか、公園全体を見渡せるかどうか（広すぎる場合は見渡せる範囲を活動範囲とする）などを確認する。写真を撮ってきて地図に貼り付け、1枚の用紙に経路と行き先についての注意事項をまとめ、同じ学年団や遠足に同行する教師たちに渡して情報を共有しておく。

（2）実施要項は具体的で分かりやすいものに

　こうした下見を経て、実施要項を作成する。日時、引率者、経路、行先など必要な事柄をコンパクトに分かりやすくまとめる。実施要項の案ができた段階で、管理職または学年主任などに大まかな計画を報告し、問題点がないか確認する。このとき給食を実施している学校であれば、必ず欠食の届けをしておくこと。

　実施要項に基づいて保護者宛の分かりやすいお知らせを作成する。あまりにも細かくいろいろな情報を盛り込むと、かえって分かりにくくなることがあるので注意する。保護者宛のお知らせは、間違いのない確かな内容にする。管理職に必ず目を通してもらい、期日に余裕を持って出すようにする。

（3）中止の判断

　数日前から天候の状況に留意する。好天が続いていれば特段の問

題がないが、遠足を行うことの多い春や秋は、なかなか天候が安定しない。雨が降りそうなときは、いつどういう情報をもとに中止の判断をするか考えて、管理職にも相談し手順を確認しておく。一般的には、前日の昼または夕方で一次判断。このとき翌日が雨であることが確実なら、この時点で中止（または延期）の判断をする。荒天がはっきりしていれば早めに判断すればよい。ここで決められないのであれば当日の朝６時ごろに二次判断。遠足の有無について決定し、電話連絡網や学校のホームページなどを通じて保護者に連絡する。両方の用意をして登校させる場合もあれば、中止のときのみに連絡することにする場合もある。いずれにしても、連絡がなくて学校の判断が伝わらないことだけはないようにしたい。

（4）事前指導は必ず行う

　事前指導として、各クラスで遠足の目的や経路、歩くときに注意すること、目的地到着後の活動などについて児童生徒に知らせておく。クラスの友達同士が仲良くなるための遠足、校外合宿の練習としての遠足、長い距離を歩いて身体を鍛える遠足など、いろいろな目的があるはずだ。当日まで、子供たちが何を目的にして、どんなコースを歩いて、どこへ行くのか知らないということではいけない。

（5）出発前には持ち物の点検、簡潔に注意事項を

　当日、出発の前には児童生徒の持ち物を点検したい。家庭で準備をしてきているはずだが、忘れ物があったり、水筒の蓋がきちんとしまっていなかったりすることがある。忘れ物があっても出発前であれば学校にある予備で対応可能だ。

出発前、子供たち全員が集まっているときに注意事項を伝える場合は、最低限の話にとどめる。直前になって注意事項をくどくど言うのは子供たちの気持ちをくじく。それまでの事前指導で、注意事項などは担任から聞いているはずである。当日の朝は、その日にどうしても伝えなければならない注意事項をコンパクトに分かりやすく説明し、楽しい気持ちで早く出発させてやりたい。

（6）列になって歩くとき

　歩くときは、基本的に2列で並んで歩く。小学部の低学年ならば、軽く手をつないで歩くのもよい。同じ速さで、全体でまとまって歩いて行きたいが、実際には歩くのが遅い児童生徒もいる。歩くのが速い子供たちを先頭グループにして、遅い子たちを後につける。だらだらと歩いて列が長く伸びたまま進んでいくのが最もよくない。全体の状態を掌握することが難しくなるからだ。後方が遅れたら、前のグループは待機できるところまで行ってそこでしばらく待ち、列を整えてまた歩き出すとよい。または、授業と同じで歩く速さでグループを分け、2つのグループとしてあらかじめ計画しておくのもよい。列の先頭に教師、最後尾も教師である。列のどのポジションに教師が入るかは、児童生徒の実態を考慮して決める。

（7）引率時の持ち物

　数日前から教師も自分の荷物を準備しておく。児童生徒の持ち物に示してあるものは必ず持って行く。弁当、水筒、おやつ、ハンカチ、ティッシュペーパー、敷物、雨具など。敷物や雨具は予備を持って行く。弁当もおにぎりのように小分けできるものがよい。もし自分

の弁当をひっくり返してしまった子供がいても、おにぎりならば分けてやることができる。そのほか、絆創膏を用意しておいてもよい。ほんのちょっとしたけがなら、まず絆創膏で手当てをしてから本部の養護教諭のところまで行って診てもらうことができる。肩掛けかばんではなく、しっかりとしたリュックサックに入れて、両手が使えるようにしておく。帽子は必ず持って行く。また、行先の公園に池などがある場合は、タオルや着替えも準備しておいてやりたい。

そして、必ず笛を持って行くこと。何かの場合、笛を吹いて児童生徒の注意を喚起したり、周りの人に注目させたりすることができる。校外行事では必需品である。また、引率するすべての教師は、携帯電話を忘れずに持って出るようにする。

（8）実際に引率するときの留意点

引率時は以下のようなことに注意する。

コースをしっかりと覚え、どの時間にどのあたりを通過することになっているか、昼食時間はどのくらいかなど日程を把握しておく。また、本部となる場所、救護の体制なども確実に共通理解しておく。携帯電話には一緒に引率する教師の電話番号を入れ、必ず持って行き、連絡があったときは受けられるようにしておく。少人数だったり、近場だったりするからといって、決して気を抜いてはならない。校外に出るときは細心の注意が必要だ。近くの公園などに出かけるときで養護教諭が同行しない場合は、必ず救急かばんを持ち歩くようにする。どんなに近くても基本の構えは同じである。

行き先の公園などに着いたら、全体を見渡すことができるところに本部を置く。常に全体を見て、状況を把握する。下見の段階で確

認された危険と思われる箇所には、教師を配置する。校外行事は事故なく、誰もけがをせず、楽しく終えられてこそ、実施した意義がある。細心の注意で行いたい。

3 合宿・修学旅行（宿泊を伴う校外行事）の準備

　合宿や修学旅行などは宿泊を伴う。日帰りでの校外行事とはおのずと準備が違ってくるので、以下に留意点を挙げる。

（1）学校で見られない実態を把握
　まず、宿泊にあたって、児童生徒の夜や朝の過ごし方について保護者から情報収集する必要がある。食事、服薬の状況、入浴時の配慮、就寝前後の留意点など、普段の学校生活では見ることのできない子供たちの生活状況について、できるだけ詳しく知っておくことが大

切である。多くの学校では事前調査として、保護者に記入してもらう様式を整えているが、提出された後に教師が目を通し、保護者と懇談する機会を持って項目ごとに具体的に細かな点まで尋ねておくことが必要である。また、項目にないことでも保護者が気になっていることがあるかもしれないので、それらも把握したい。予想できるいろいろなことに適切な対応方法を考えて、安全かつ確実に行事を実施したい。こうした丁寧な手続きが、保護者に安心感を与える。

（2）段階を経て宿泊する

宿泊の第1段階として、夕食を食べて就寝時間の近くまで学校で過ごす（泊なし）。次に第2段階、校内の宿泊を練習する施設を利用しての合宿（1泊）。さらに第3段階として、学校外の施設を利用しての合宿（1泊）を経て、最終段階の修学旅行（2泊）と進んでいきたい。身近な施設から校外へ、さらに遠方へ、また宿泊数を徐々に増やすということである。その過程で、児童生徒一人一人について夜や朝の過ごし方の情報を教師が直接把握し、それらを教職員で共有していくことが望ましい。子供たちも宿泊することに慣れていく。

（3）荷物、薬などの準備は早めに

当然のことながら、着替え等の準備物も多くなるので、準備は早めに行う。学校に数日前に持参させた荷物を、児童生徒と共にしっかり確認することが望ましい。忘れ物があると、子供たち自身が楽しめない。早めに準備することで、子供自身が安心して参加できるようにしておくのがよい。

また、夕食時や就寝時、朝食後などに薬を服用している児童生徒は多い。普段学校では服薬していないので、どのような薬をいつ、どうやって服薬するのか確実に把握しておきたい。一般的には保護者から与薬依頼書を提出してもらい、その指示に従って服薬させる。その際の薬、予備薬等を一括して管理し、確実に服薬時間帯に服薬させるようにする。ほとんどの場合、養護教諭が薬の保管、服薬管理にあたっている。与薬ミスはあってはならないことなので、実際に服薬させる場面をシミュレートして準備を整えておく。

（4）普段から人員点呼、列になって移動する習慣を

合宿中や修学旅行中は集合するたびに、人員の確認のため点呼を実施する。クラス委員や学級代表といわれるクラスのリーダーが、人数を確認して教師に報告するのが一般的であるが、この点呼は急にやりなさいと言われてもできるものではない。普段から部集会などで整列したときに必ず実施するようにして、点呼や人数確認に慣れておくことが必要である。

また、前の人との間隔を保ち、列になって歩くことなども普段から指導しておかないと、それが必要な場面でできない。普通の学校生活の中でクラスでそろって体育館に移動するときなど、いろいろな場面を見つけて集団行動を丁寧に指導しておきたい。

（5）引率時の留意点

引率者は、合宿や修学旅行中は普段にも増して特別な注意を払って児童生徒の引率にあたらなければならない。普段とは違う状況の中で、子供たちも緊張したり不安を感じたりしており、突発的に

学校で見せるいつもの様子からは考えられない姿を見せることがある。教師が自分の家族や同僚の土産を買うために児童生徒から離れるようなことは厳に慎むこと。笑顔で、修学旅行が楽しめるよう働きかけつつ、子供たちや周囲に対して細心の注意を払いたい。

　また、引率責任者は、訪問先の施設、ホテル等への到着や出発時に、メール等で学校へ定期連絡をしなければならない。特段の問題が発生していなくても、学校に残っている職員は心配しているものである。また、心配のあまり学校に電話してくる保護者もいる。そうした保護者にも適切に対応できるよう、学校の教職員が修学旅行隊のことが分かるよう情報を共有しておきたい。

　さらに万一、発作やけがなどにより緊急な対応が必要なときは、大事をとる方向で対応することが基本である。そのために引率責任者は現金を少し多めに準備しておいた方がよい。けがや病気の状況を、このくらいなら大丈夫だろうと、軽い方、良い方へと予断することは禁物。まずは考えられる最大限の措置を躊躇なく、自信を持って取るべきである。

4　水遊び・水泳指導の準備

（1）入泳判定は慎重に

　６月になると水遊びやプールでの指導が始まる。各学校では入泳についての判定（プールに入ってもよいかどうか、水遊びはどの程度なら可能か）を慎重に行わなければならない。毎年のことではあるが、各学校での判定基準を見直し、適切な基準に基づいて児童生徒の実態をもとに慎重に判断したい。特に前年度の実態と変わった

子供については、医師の意見も聞いた上で考えていく。実際に指導にあたるときは、それらの会議資料の情報を教師間でしっかりと共有しておくことが大切だ。

（2）小さなプールでも安全の基本は同じ

　水遊びをするその日の体調を十分把握した上で指導を考える。小さなプール（ビニールプール）で行う場合は、当日の朝早めに水を入れる。直前に入れると水が冷たい。お湯などを準備しておき、水が冷たいようなら水温を調整する。暑い日だから冷たい水が気持ちよいはずだと考えるのではなく、急に冷たい水をかぶること、冷たい水に入ることのリスクをしっかりと頭に置くこと。活動している間に水が減り、途中で水を足すことになる場合が多いので、はじめは少し高めの温度でスタートしてもよい。

　また、裸足になるので、周囲に危ないものがないか、滑りやすいところがないかよく点検する。少しでも気になるところがあれば、ござやマットを敷くなどの対策を取る。また、日陰になる場所を近くに用意しておくことも大事。Tシャツを着る、ラッシュガードを身に付けるなど日焼け対策もしておきたい。水遊びをした後、日焼けでシャワーに入るたびにヒリヒリするというのは健康上も好ましくない。

　小さなプールでの水遊びでも、準備運動を必ず行う。水で遊ぶときは、準備運動が必要であることを経験しておくことが大切。また、いきなり水に飛び込んだり、突然水をかぶったりするのでなく、少しずつ身体に水をかけてから、水遊びをすることも指導したい。10センチほどの深さの水でも、溺れるときは溺れる。担当するプー

ルを決めて、水に入っている子供たちの様子をしっかりと観察する。少しでも危ないと思われる活動をしている場合は、すぐに注意しなければならない。

　水着だけで活動しており、肌がむき出しであること、日なたでの活動が多くなることなどを考慮して、子供たちの状態には細心の注意を払う。唇の色、表情や動き、肌の状態など気になるところがあればすぐに対応するのが基本である。

（3）プールでの水泳指導

　プールでの水泳指導は、参考になる図書や資料がたくさん出版されている。まずは、小学校の体育の指導書に目を通し、指導の基本形を理解する。集合、点呼、準備運動、入水の仕方、はじめの活動、メインになる活動の展開、整理運動、振り返りなどの授業の流れだけでなく、体調管理、緊急対応など一通りのことを確実に理解しておきたい。水遊びと違ってプールは広く深い。一つ間違えば命につながる事故が起こることを常に意識していなければならない。

　児童生徒と教師が一対一でついているから安心だということはない。発作が起きた子供を支えようとした教師の足が滑ってしまうことも起こりうる。メインの教師は全体の様子を細心の注意で観察し、とっさの対応ができるようにしておくことが大切だ。

第4章

7月・8月

7月・8月

　7月、1学期もいよいよまとめの時期。梅雨からだんだん夏に向けて日差しが強くなり気温が上がってくる。学校は夏休みに向けて何となくウキウキした気分になる。7月はあわただしく過ぎるから、すぐに学期末に向けての指導の整理を始めよう！

　8月は、夏休みの真っ最中。長期休業中だからこそ経験させることができる内容について計画を立てて実施しよう。また、1学期の指導をまとめ、じっくりと分析して2学期の指導について考えるための時間が十分に取れる。計画的に仕事を進めて、8月の半ばを過ぎたら2学期に向けた準備をしっかりと整えていきたい。

チェックリスト

項　　　目	完了予定日	完了日	備　　考
夏休みの宿題の準備			
1学期の成績処理			
1学期通知表の準備*			
1学期通知表渡しの準備			
夏休み中の行事の計画・準備			
2学期の準備			
技能検定の練習			

*第1章2「3学期通知表の準備」を参照

1 夏休みの宿題の準備

（1）夏休みの宿題は早めに準備

　7月末には、夏休みに入る。夏休みの宿題は7月に入ったらすぐに準備を始める。6月末に準備を始めてもよいくらいだ。

　市販されているドリルなどを用いる場合は、それが最後まで使いきれるものであるかどうかを把握しておく。ところどころできないところがあると、そこで止まってしまうものである。また、知的障害特別支援学校では、下学年のものを用いることが多くなりがちであるが、市販されているドリルの表紙に書いてある学年については配慮が必要だ。なかには、兄弟姉妹よりも下の学年のドリルや練習ノートを使うこともあるし、高等部でも小学生のドリルを利用することもある。市販のものの場合は表紙を取り外し、当該学年のものに換えるか、別のファイルに綴るとよい。机の上に出しておいたり、持ち歩いたりしていても子供たち自身が所属する学年のものであることが分かるようにしておきたい。

　また、最近はネット上にも多くの種類の学習課題があげられている。それらを利用して完全に自作の夏休みの宿題を作ることもできる。早めにそうした情報を集めておくことも大切だ。

（2）できていることの定着を目標に

　教師が自作で宿題を作れば、児童生徒の実態に合ったものが出来上がる。文字を書く、計算をする、シールを貼る、色を塗るなどのほか、工作も宿題にできる。基本は、できていることを反復練習して、確実にするというものであり、宿題で新しいことを学ぶという

のは避けた方がよい。もし課題に躓いたとき、指導することができないからである。

　分量は、あまり多くない方がよい。もちろん、児童生徒の課題に取り組む速さなどを考慮するので一概に少なければよいということではないが、同じ問題を何度も解く形であまりにも多くの宿題があれば、子供は嫌気がさすはずだ。分冊にして、一冊ずつやり遂げていく達成感を持たせたり、まずは登校日までの前半の宿題を出してそれを提出させ、登校日に後半の宿題を渡したりするという方法もある。

　１学期の学習で身に付けたことを確実にするための課題、それまでの学年で学んだことを復習する課題を中心に、簡単なものから少し難度の高いものまでを段階的に配置する。

　気をつけなければいけないのは、昨年度の夏休みの課題との関連である。学校によっては、プリント類をライブラリーにして、多くの教師が使えるようにしてあるところがあるが、そういった学校では、昨年度と課題が同じになる可能性がある。学校から持ち帰った宿題の内容が、昨年度と同じだったら保護者はどのように感ずるだろうか。そうしたことが起こらないように、夏休みの宿題を一部教師の手元に残して、次の学年につないでいくことが必要である。類似問題についても、同様な配慮が必要である。学年を経るにつれて、少しずつ課題が難しくなるように、そのような印象を受けるように作成したい。

7月・8月

2　1 学期の成績処理

　7月になると1学期の通知表渡しがある学校が多い。2学期制で通知表渡しがなくても4月から7月までの期間について指導の成果と課題をまとめておく必要がある。6月末を一区切りとして、いったんその時点までの指導についてまとめておく。

　第1章2「3学期通知表の準備」でも述べたが、あいまいな記述はできるだけ避け、指導記録に基づいて、実際の児童生徒の変化が分かるように整理しておきたい。早めに整理しておくことで、実際に成績を書くときや成績交換の際、もう一度見直すことができる。

　中学部や高等部は、教科担任制で授業を行っているため成績交換が行われる。教科の担当者は、学級担任が通知表に転記しやすいようにまとめておく。読み手が分かりやすい表現に心がけ、記述内容を絞り込んでおくとよい。

　実際に通知表を保護者に渡すのは学級担任である。懇談時に、通知表の内容について保護者から尋ねられたとき、「それは、私が担当していないので分かりません。」という答えはない。まず、担任は記述内容が自分で説明できるかどうか確認し、分からなければ教科の担当者に説明を受けておくことが望ましい。

　大切なことは、成績処理の業務を進める期日をきちんと守ることだ。自分が担当する授業の成績が出なければ、関係する生徒の分の記述ができなくなり、多くのクラスの担任に迷惑をかけることになる。学校は教師たちが協働して仕事をしているのだから、教務課が示す業務日程に沿って確実に仕事を進めていきたい。

2学期、3学期、あるいは前期、後期も同様である。成績を処理していく業務日程に沿って早めに計画的に作業を進めることが大切である。

3　1学期通知表渡しの準備

7月末、1学期の通知表渡しが行われる。保護者に通知表を渡すときは次のことに気をつけたい。

- まずは、子供の良いところを十分に説明する。指導のはじめの時期に比べて、どのように変化したのか。そのためにはどんな指導をしたのかを分かりやすく説明する。
- そして家庭での様子を聞く。
- 現在課題となっていることを具体的に説明し、今後の取り組み方について見通しを話す。その際、保護者の側から考えて気になることを聞いておく。
- また、これからの指導の方向性を伝え、現在、家庭で困っていることがないかも聞いておく。

通知表は多くの場合、記述式である（準ずる課程で学ぶ児童生徒は一般の学校と同じ）。記述だけでは伝わりにくい点も多くある。補助資料として、グラフ・表などを活用して、保護者が児童生徒の変化について分かりやすいように伝えることに努めたい。タブレット型パソコンなどを用いて写真や動画を見せることも、具体的な様

子を知ってもらうためには有効である。

　通知表渡しの後、保護者が明るい気持ちで家に帰ることができるように、また子供の顔を見たらほめることができるように、十分に配慮して話すことが望ましい。課題について話すときは、特に配慮が必要だ。課題だけを伝えるのではなく、どのように解決していくかという見通しを含めて説明し、保護者が不安を感じないように準備しておく。

　また、即答できない質問が保護者から出されることも少なくない。慌てずに、保護者の意向をきちんと聞き取り、管理職や学年主任、同じ学年の同僚らと相談して、改めて対応することを伝える。誠実に対応することが大切である。

　2学期、3学期、あるいは前期、後期の通知表渡しも同様である。

4　夏休み中の行事の計画・準備

　7月後半、学校は夏休みに入る。夏休み中は、普段の学校生活ではなかなか経験させてやることができない活動にチャレンジしよう。活動のための準備に時間がかかる、特別教室を長時間占有するなど通常の授業が行われているときには、できないことを柔軟に考えて計画することができる。

　また、夏休み中は、他学年からの応援の教師を依頼しやすい。普段よりも手厚い体制で行事に臨むことが可能であることも考慮して進めたい。

（1）学校内での行事

　校外へ出て行くだけでなく、学校の施設設備を利用してゆったりと活動する。学期中の授業があるときであれば、プールや特別教室などは時間割で使用時間が限られている。夏休み中であれば、あらかじめ使用することを校内に周知しておくことで、長時間の利用が可能である。

　午前中にプールにゆったりと入り、昼食を自分たちで調理して食べる活動などを組み合わせる。調理を野外で行うことも可能である。また、エアコンの効く特別教室を使って映画鑑賞などをするのもよい。一度見たことのある映画でも、友達と観るのはまた楽しいようである。夏は気温も高く、屋外での活動は疲れやすい。屋外活動は児童生徒に非常に大きな負担をかけることにもなりかねないので配慮が必要だが、室内での活動であれば安心である。また、授業に関係ない活動を組むことができるところが、夏休みのよいところである。発想を豊かにして、いろいろな活動を計画したい。

　学校は児童生徒が通い慣れているところである。安全であり、施設設備や道具もそろっている。夏休み中こそ、学校の施設設備を有効に使いたい。

　ただし、夏休み中はスクールバスなどを利用できないため、送迎は保護者の負担になることも考慮したい。校外での行事も含めて、あまり頻回な行事は控えるようにする。

（2）学校外での行事

　校外での行事は、学期中の遠足等のときと同じように、行事で体験させたいことや、目的から行き先を絞り込み、下見をしてしっか

りとした計画を立てることが大切である。夏休み中の行事であっても、学校として実施するのであるから安易な考えで、あいまいな計画で実施するようなことがあってはならない。保護者が主体となって行事を計画する場合もあるが、教師が参加するのであれば安全にかつ楽しく実施できるよう全面的に協力しよう。

　行事を計画するはじめの段階から、管理職とよく相談し、児童生徒の実態に合わせた形で計画を進めたい。学期中などと違って、下校時刻に縛られることもないが、前述のように送迎は保護者の負担となる。また、現地集合解散として自分で来ることができる児童生徒が対象であっても、普段とは違うので交通機関の利用についての指導、連絡体制などしっかりした準備が必要である。夏休み中は、教師も子供たちも開放的な気分になりやすいことに留意し、普段にもまして注意深く計画して実施することが望まれる。

5　2学期の準備

◆1学期の学習の分析

　8月後半には、2学期の準備を整えておきたい。まず、1学期の通知表を参考にして、4月からの児童生徒の変化を改めて整理してみよう。当初の実態を踏まえてどのような指導方法をとり、子供たちは具体的にどう変わったのかを押さえたい。大切なことは、こちらの関わり方との関係でまとめることだ。こうした作業をすることで、子供一人一人の得意なこと、苦手なことがよく分かる。効果の

あった関り方は一層工夫して継続し、課題があると考えられるそれは検討する。その上で、2学期に予定されている文化祭や校外行事等を含めて指導の全体的な見通しを持とう。そして、教室の整備、2学期初めに指導する教材、できれば指導案を準備し、ともに指導に当たる教師間で情報を共有しておきたい。

　また、夏休み中に変わったことはなかったか、保護者からも情報を得て学期初めに備える。

　新学期がスタートした後、児童生徒が学校での生活リズムに慣れて、いつもの調子に戻るまでに2週間ほどを見込んでおきたい。その間は、1学期にできていたことがうまくできなくなっていることもあることを想定し、新たな課題に急に取り組ませることのないよう慎重に進めることが望ましい。休み中と学校生活とのギャップをうまく調整できずに、登校しぶりが起きることもある。子供たちの小さな変化も見逃さない、丁寧な観察が必要である。

6　技能検定の練習

（1）様々な技能検定

　近年、多くの県で特別支援学校の高等部生徒を対象に技能検定が行われるようになった。検定を行うことで、特別支援学校の生徒たちの作業に対する意欲を高め、確実な知識・技能を習得させることが目的である。かつては各学校で、生徒の意欲を喚起するために知識や技能の習得状況をランク付けするなどして取り組まれていたものであるが、数年前から例えば清掃部門ならばビルメンテナンス協

会のビルクリーニング国家資格を持つ清掃技能員の、また接客部門ならばホテルから接客の担当者などの協力を得て、県単位で大々的に行われるようになっている。現在は清掃技術、接客技術、物流の商品陳列やピッキングの技術などが検定種目として取り上げられているところが多い。なかには、ワープロ入力、表計算の入力などパソコンを使っての情報処理技術の検定などを取り入れている県もある。

　こうした技能検定が行われることにより、各種の技能を指導するときのマニュアルが作成され、学校によって微妙に違っていた知識・技能の指導が同じ形になるというよい点があった。また、この検定のために各学校に作業に必要な道具類がそろえられ、作業が充実したことも事実である。さらに、教師同士のネットワークも強くなり、情報交換が頻繁に、かつ様々な点で行われるようになったことも指導技術の向上につながったと評価できる。

（2）技能検定の練習は授業時間以外で

　しかし、一方で技能検定のための練習を、作業学習の時間に行うという見逃すことのできない問題も生じている。これまで技能検定がなかったときは、作業学習に充てられていた全部の時間、実際の作業をしていた。最近は技能検定が近づくと、作業をやめて検定合格のための練習に取り組む様子が見られるようになっている。一般の企業でも技能検定が行われているが、就業時間中にその練習をすることはない。仕事を終えてから、残って練習をするのである。また、中学校や高等学校でも、英語検定のために、英語の時間をつぶしてその練習に充てることはない。特別支援学校の技能検定も同様

の扱いをすべきである。特に、接客や物流は実際の作業学習にはないものであることが多い。検定合格のために練習したくなる気持ちも分からないではないが、普段の作業学習にないものであれば、作業の時間での練習を控えるべきである。作業学習の本来的なねらい、望ましい姿を維持することが大切だ。

　夏休み中に技能検定の大会があるのであれば、練習は夏休みに入ってから特別に行うか、1学期中の放課後に行うことが望ましい。

第5章

9月・10月

9月・10月

　2学期は1年間で最も落ち着いて学習を進めることができる時期である。気候もよい。夏休みの後半にまとめた1学期の学習の分析に基づいて、継続的で効果的な学習を展開しよう。

　文化祭では、日ごろの学習の成果をぜひ保護者や地域の人たちに見ていただこう。学校の教育力、魅力を発信しPRする絶好の機会だ。この章では、10月末から11月初めの文化祭を想定して書いているが、学校によっては9月の末ごろに行われるところもあるようだ。2か月前には構想をまとめて、準備に取り掛かる必要があるので、9月末開催ならば夏休みに入ったら計画を立て始めよう。

　校外での行事も多い学期である。それらの行事に合わせた準備も着実に進めよう。9月、さぁ2学期が始まる。

チェックリスト

項　　　目	完了予定日	完了日	備　　考
文化祭の準備			
校外行事の準備・計画*			

*第3章2「遠足・校外行事の準備」を参照

1 文化祭の準備

　文化祭は、2学期の中心的な行事である。全体としては生徒会や児童会が中心になって、テーマやテーマソングなどを決めていくことになるが、実際のいろいろな活動は学年単位やクラス単位で計画されていく。

（1）劇、学習発表（舞台発表）

　小学部から高等部まで、全部の学年や学部で発表する場合もあれば、それぞれ学部の中で年度ごとの順番が決まっていて特定の学年が発表する場合もある。大切なことは、年齢段階に応じた劇（ストーリー）を設定することである。小学部では、昔話の中から有名なものを選んで演ずる。中学部になると、話の内容としてもう少し高度なものを選ぶ。高等部では、青年期に演ずるのにふさわしい内容の劇にしたい。

　高等部になって、劇の中でイヌさん、ネコさんのような動物になるのはいかがなものか。動物になるならいっそ、ライオンキングのような徹底的に凝った衣装を身に着け、質的にも高い劇を演じたい。

　教科書で取り上げられるような誰もが知っていてストーリーがしっかりしているものを題材にするのはよいことである。劇を見ている観客が幕と幕の間の話を補ってくれるので、重要な場面だけをつないでもストーリーが成り立っていく。

　児童生徒ができることをつなぎ合わせたオムニバス形式のオリジナル劇も比較的多く見受けられるが、どんな話か分からない（分

かりにくい）劇は、演ずる側も観客も戸惑うことが多い。結局この劇は、何の話だったのかと後から聞いてみたくなるような展開は避けたいものである。ストーリーを考えた教師がおもしろいだけで、保護者やほかの人たちにはそれがなかなか伝わらないことも肝に銘じておきたい。

　さらに、ときどき笑いをねらったパロディ的な場面を盛り込んだり、劇全体をそのように組み立ててあるものも見受けられる。人を笑わせるというのは本当に難しいもので、受けねらいのセリフや動きは大抵の場合、冷笑にさらされる。人はそれほど簡単には笑わない。真剣にやっていて、ちょっとした失敗で思わずほほえましい気持ちになってもれる笑いはあるかもしれないが、はじめから観客を笑わせようとするのは大胆な試みである。ストーリーがしっかりした劇を真剣に演じて、観客に感動を与えたい。舞台と観客が一体になったとき、得も言われぬ感動が会場を包む。そうした経験こそ、本物の成就感や達成感を子供たちに味わわせるものである。

　学習発表として合奏や合唱、詩の朗読や群読、調べたことの発表なども考えられる。発表を見た保護者が、こんなことができるようになったのか、よく調べたものだと驚くような立派な発表にしたいものである。全部を自分たちでやるのではなく、機器を使用して楽器や歌をミックスしたり、詩の情景を映し出したりと、演出はいろいろと工夫できる。調べた結果はプレゼンテーションソフトを使って、データをしっかり示して発表したい。発達段階に応じた学校ならではの、学習発表を目指したい。

（2）催し物（ゲームやカラオケ、お化け屋敷など）

　クラス単位や学年単位などで、催し物やゲームのコーナーを担当することがある。このような催し物も分かりやすいことが大切だ。ゲームなら勝ち負けがはっきりしている、どうなったらよいのかがはっきり分かるということが、準備をする方も、お客さんになる児童生徒も取り組みやすい。

　お化け屋敷などは年齢制限を設けてもよいくらい本物志向で行いたい。もし小学部の児童も参加させるのであれば、暗い迷路だけでよく、脅かす必要はない。運営する側とお客さんになる側の児童生徒、両方の年齢や発達段階を考慮して設定していくことが大切である。せっかく本物志向で十分な準備をしたとしても、楽しめなかったり、つらい思いをする子供がいるのは望ましくない。関係するみんなが楽しめるゲーム、催し物をするために知恵を絞りたい。

　生活単元学習として取り扱い、企画の段階から徐々に内容を深め、子供たちが協力して行うことができれば素晴らしい。各学年の催し物を決めておくのもよい。例えば４年生はゲーム屋さん、５年生はカラオケ屋さん、６年生はお化け屋敷というような形式である。定番の催し物が文化祭に必ずあることになる上、それぞれの児童も来年自分が取り組むことが何なのかが分かりやすい。実際に関わる子供たちが違えば、名前が同じゲーム屋さんでも中身の違うものになるはずだ。毎年同じ催し物があるからこそ、使えるものは使い、新たに工夫するところを加えて効率よく準備を進めることができる。

（3）模擬店（販売活動）

　中学部や高等部の生徒にとって、文化祭での販売活動はとても大切な学習活動である。作業学習では、文化祭に向けた製品づくりが大きな目標になるであろうし、実際に販売活動をして多くのお客さんとふれあい、自分たちが作った製品が売れることは生徒たちの大きな喜びとなる。

　まず、製品は売り切れることのないように、たくさん作っておきたい。一部の学校で、売り切れるとやり切った感が高まるとして、製品の数を少なめに設定し、販売時間終了時刻よりも早く品切れのために販売ブースを片づけてしまう例もあるが、せっかく会場に来てくださったお客さんに対して、本当に申し訳ないことである。また、これでは生徒に販売活動を十分経験させることができない。生徒の大切な学習の場を短く切り上げることになっているのである。

製品は、たくさん陳列されていてこそ、多くの人の購買意欲にも結び付く。最後の一つ二つが広いスペースにぽつんと置いてあるのは、いかにも売れ残りという感じがしてよくない。製品が余ってもよいので、設定された販売時間中は販売活動が続けられるようにしておくことが大切である。

　看板などは分かりやすく、大きく書いておきたい。生徒の手書きの文字もそれなりに味があってよいが、パソコンなどを使ってカラフルな目立つ看板を用意したい。品物の値段や特徴を示したPOPや標示などは高いところに掲げてあるのがよい。机の前に付けてあるものは、前に人が立つと全く見えなくなり、意味をなさない。

　販売員の数は、品物の量と販売ブースの大きさの関係で適切に考える。長机一つの販売ブースに生徒が10人では多すぎる。ほとんどの生徒が立って見ているだけになってしまうので、当番制にして少人数でしっかりと対応させる方がよい。レジスターを用意しているところも多いが、必ずしもレジスターでなくてもよい。計算機や計算用のソフトで合計金額やおつりが計算できればよく、速やかに会計すること、金額やおつりを間違えないことに重点を置いて指導したい。

　販売活動は、まさに接客にかかっている。笑顔ではきはきとした応対をすることが大切である。なかなか人と関われない、声が小さくて聞き取りにくいという生徒は、必ずしも店頭に立つ必要はない。その生徒が苦手なことを無理やりさせても、自信にはつながらない。本人が喜んでやれる仕事をお互いに役割分担して担当しながら、作

業班全体として販売活動がうまくいけばよいのである。学校では、みんなに同じ経験をさせようとするが、苦手なことを強要されるほどつらいことはない。声が小さくても、本人が販売活動をやってみたいというのであれば、チャレンジすればよい。各生徒の得意、不得意を考慮して楽しく取り組みたいものである。

　他の高等学校から品物を仕入れて販売する活動もあってよい。製品を作らないので売る物がない作業班が、販売活動に参加する方法としては有効である。高等学校との交流も兼ねることになり、いろいろな点で学習になるはずだ。相手校の担当者との様々な交渉、仕入れの数や値段、販売価格、伝票の書き方など学ぶことは多い。高等学校の生徒に文化祭当日、応援に来てもらうという展開もある。肢体不自由特別支援学校でも取り組むことができるものである。

　販売活動をすれば金銭のやりとりが生ずる。販売活動を終えた後、今日一日の売り上げはどのくらいあったのか、製品の材料費を差し引くと、どれだけが自分たちの作業や販売活動の結果としてお金が残ったのかを整理したい。釣銭の間違いがあって、お金が合わないのも大切な経験である。時折、残ったお金を生徒に分配したり、給金として生徒にいくらかを渡す取り組みをしている学校を見かけるが、これは望ましくない。作業学習は儲けるためにしているのではない。頑張ったことをほめて認める方法はほかにいくらでもある。生徒たちの頑張りをお金に置き換える方がむしろ問題である。学習活動として展開していることをしっかりと踏まえて、生徒に対応すべきである。

第6章

11月・12月・1月

11月・12月・1月

　11月、12月は2学期の後半。文化祭も終わって、大きな行事がない時期だ。学年単位や学部単位での行事があるものの、全般的には落ち着いて学習に取り組める期間といえる。半年以上が過ぎて教師と児童生徒との関係も安定しているので、学習を深めていきたいものである。年間の指導の仕上げのつもりで、これまでの指導を整理しつつ、新しいことにチャレンジしていきたい。

　冬休みの間に、夏休み中と同じように2学期の指導をまとめて振り返っておく。指導を充実させるために必要な作業だ。

　1月は3学期のスタートだ。1年間のまとめ、指導成果を確かなものとする期間である。どんなところが伸びたのか、指導が難しかったところはどのような点で、その対応策は何かを考えながら指導していこう。

　気候的には晩秋から冬、日が短くなり寒さも厳しいが、負けずに熱い指導を展開しよう！

チェックリスト

項　　目	完了予定日	完了日	備　　考
2学期の成績処理[*1]			
2学期通知表の準備[*2]			
2学期通知表渡しの準備[*3]			
冬休みの宿題の準備			
クリスマス会などの準備[*4]			
雪遊びの計画			
除雪作業			
マラソン大会 (耐寒マラソン)			

[*1] 第4章2「1学期の成績処理」を参照　[*2] 第1章2「3学期通知表の準備」を参照
[*3] 第1章3「3学期通知表渡しの準備」を参照　[*4] 第7章7「各教科等を合わせた指導」を参照

11月・12月・1月

1 雪遊びの計画

　雪が降る地方では、校庭に雪が積もると雪遊びをする。雪だるまやかまくらを作ったり、雪合戦をしたり、そり遊びもする。

　雪遊びのために校庭に出るときは、しっかりと防寒対策をしたい。長靴の中に雪が入ったり、ウエアの内側に雪が入ることがないようにウエアや履物を整える。また手袋も必需品である。

　そのようにして校庭に出ても、１時間を超えて長く活動することは控えたい。理由としては、

　　・しっかりとした防寒対策は、活動すると汗をかくもとにもなる。
　　・活動量の多い児童生徒は、汗だくになっていることがある。
　　・児童用の防寒具は、防水が十分でないものもあり、思いがけず
　　　早く水がしみこむことがある。
　　・活動量の少ない児童生徒は、体が冷え切ってしまう。
などであり、急激に体が冷えて風邪をひかないようにしなければならないからである。

　かまくらを作るときは、入り口からの奥行が浅いものにして、万一、天井がつぶれても子供が埋まることのないようにしなければならない。また、遊んだ後はかまくらをつぶしておく。

　そり遊びでは、あまりスピードが出すぎないようスロープを調整する必要がある。滑るところと登るところをしっかりと分け、滑る子と登る子がぶつからないようにしなければならない。そりは思ったよりもスピードが出る乗り物である。ぶつかれば大きなけがをすることになりかねない。滑るところとは反対側から登るのがベスト

であるが、できないのであれば、教師を配置して厳密にエリアを区別して指導しなければならない。スロープを滑り降りた後、十分にスピードが落ちるまで滑るスペースがあることが望ましい。スピードのあるそりを止めることは、止める教師にとっても乗っている子供にとっても危険である。

　活動を終えて校舎内に入ったら、速やかに濡れた下着や衣服を乾いたものに着替える。温かい飲み物で体を温めることもよい。

　雪の降る地方でなければ、なかなか雪遊びはできない。雪は、その地方ならではの素晴らしい題材である。校門の横に立つ雪だるまは何とも言えず愛らしい。また、教室の窓の外にある雪ウサギはかわいいものである。前述したことを十分に踏まえて安全な展開に努め、ぜひ雪の降る季節には雪遊びを取り入れたい。

　なお、天候が変わりやすいのもこの時期の特徴である。荒れそうならば活動を延期し、急変して荒れてきたらすぐに中断して屋内に入るようにする。

2　除雪作業

　雪が降る地方では、除雪はしなければならない作業である。一般の家庭では雪がたくさん降った朝は、普段よりも早く起きて家の周りを除雪し、仕事に出てくることが多い。

学校では職員の駐車場やスクールバスの運行に必要なスペースなどは、業者に委託するなどして除雪している。こうしたとき、問題なのは避難経路である。学校の周囲全部に避難のための通路を除雪して確保しておく必要がある。幅にして1メートルから1.5メートル、長さは学校の建物の大きさによるが、かなりの距離になることは確かだ。そしてこの除雪は、しなければならない作業である。しかも、除雪は重労働である。こうした作業こそ、行うことに意義がある。北陸では、高等学校や大学でもボランティアとして学校近隣の高齢者宅の除雪作業を行っている。多くの人から感謝される作業なのだ。学校では除雪機械を使っても避難経路を確保していくが、児童生徒にも除雪してもらうとよい。

一般に四角のスコップを用いるか、スノーダンプと呼ばれる除雪道具を使って除雪する。スコップならば雪をすくってやや遠くに投げることを繰り返す。スコップはある程度の重量がある。最近はアルミ製のものが出てきて以前よりは軽くなっているが、使い続ければそれなりに負荷はかかる。雪をすくっては投げることを繰り返して除雪を進める。

スノーダンプは、雪を押していくものである。スノーダンプそのものが重いので、スコップのように雪をすくって投げることはできない。ぐいぐいと雪を押していき、ある程度のところまで行ったら勢いをつけて雪を押し出すのと同時にスノーダンプを引く。そうした動作の繰り返しだ。スコップを使う除雪より力と技術が必要な大変な作業である。

自分が除雪したところを見れば、作業の成果が一目で分かる。自分でした仕事の結果が分かるというのは大切なことである。教室の

中にいる先生方も「お疲れさま！」とたくさん声をかけてくれる。多くの人に喜んでもらえていることが実感として伝わる。

　防寒対策をして除雪作業をするので、あっという間に汗が吹き出てくる。仕事の後の快い疲労感、身体を動かして働くことはこういう感じなのだと確かな感覚として子供たちも分かる。除雪は確かに重労働で大変だ。しかし、仕事の後の何とも言えない爽快感はこうした経験のなかでしか、なかなか味わうことができない。子供たちとともに教師も一緒になって除雪作業に取り組みたいものである。

　なお、除雪作業を終えた後は必ず着替えをすること。また、水分を補給することも忘れてはならない。

3 マラソン大会（耐寒マラソン）

　冬の間は寒いために戸外での運動機会が少なくなる。全体的に屋内での活動が中心になるのは仕方のないことだが、この時期に運動の持久力を高め、併せて運動不足になりがちな状況を改善するために、マラソン大会が行われるところも多い。

　「大会」という名前を付けるのであるから、全校や学部単位で行い、できるだけ多くの人数でにぎやかに開催したい。そうすれば一定の期間、学校の中に「マラソン大会」に向けての大きな動きが生まれる。1日の行事として開催してもよいし、「マラソン週間」として1週間ほどの期間を設けた開催方法もある。

（1）目標を決めて取り組もう

　1か月ほどの期間をかけて、大会に向けて少しずつ運動量を多くしていく。できるだけ毎日持久走を行い、走ることを習慣化していくとよい。毎日の持久走で気をつけたいのは、ただ黙々と走り続ける苦しい時間にならないようにすることである。必ず目標を決めて取り組ませたい。目標もなく、ただ走る練習は楽しみが少なく、苦しいだけの運動になりやすい。一人一人の児童生徒の力に見合った適切な目標を「5分間にグラウンドを〇周走る」「校門からグラウンドの端まで走る」など、分かりやすく設定し、本人がそれを十分に意識できるよう、周回数が一目で分かるような工夫をして取り組むことが望ましい。

（2）一定の速さで走る指導を

　また、ある決まった時間中（例えば5分間）、同じような速さを維持して走り続けるというのは思いのほか指導が難しいものである。毎日繰り返して走ってさえいれば、だんだんテンポよく走れるようになるというものではない。子供たちの中には、ビューッと速く走って苦しくなると歩いてしまったり、走ること自体が難しかったりする子供もいる。速くなったり遅くなったりする子供には教師と一緒に走ることを教えよう。音楽をかけてリズムに合わせてほんの短い時間でよいので、同じ速さで走ることから指導する。どのように走ったらよいのかをいくら口で説明しても、伝わりにくいことが多い。10までの数を数えながら一緒に走る、メトロノームに合わせてその場で足踏みをするなど、一定の速さを保って運動することを体の感覚で覚えることができればよい。

　さらに、長距離走のタイムを縮めるための指導も難しいものである。例えば1000メートルを走るとき、全部のタイムを計るだけでなく200メートルごとにタイムを取り、それを短くしていくような取り組みをしなければ、なかなかタイムが縮まない。各学校には体育の教師や中には陸上競技の専門の人もいるので、適切なアドバイスを受けながら指導を進めていきたい。

（3）コースは複数設定しよう

　マラソンのコースは参加する児童生徒の実態に合わせて、校地内に複数設定しておく。走る速さ、距離などを考慮して子供たちをコースに合わせてグループ分けする。走るのが速い子供と、ゆっくりな子供を同じコースで競わせるのは、危険が多い。ゴールは近いとこ

ろに設定しておき、それぞれの力に合わせて違うコースを頑張って走りぬき、最後のフィニッシュはほぼ同じところにあるという大会が盛り上がる形だ。こうしたコース設定なら、ゴールした後の子供たちの待機場所も散らばらず、次々と走ってくる友達への応援もしやすい。

　走っているときにコース間違いが起こらないように、分かりやすい目印を用意したり、教師を配置したりする。急に曲がったり細くなったりするところがないようにし、段差のあるところは避ける。滑りやすいところは、滑り止めのマットを敷くなどの対応が必要である。基本的に、校地外にまで出るようなコース設定は避けたい。ほとんど車の通らない安全な道があればコースを設けてもよいが、その場合には最寄りの警察署に届け出て、安全には十分配慮して行う必要がある。

（4）健康上の留意点と表彰

　晴天に恵まれて実施できるのが一番だが、雨天や曇天のこともある。実施するかどうかは慎重に判断したい。走っている間に雨が降るようなことがあると、気温が低いので児童生徒の身体が急激に冷える。また、晴天であっても走り終えて汗をかいたままの状態で、長い時間過ごすことは同じように身体を冷やすことになるので、早めに着替えさせるとよい。また、走り終えた後の水分補給も忘れずに行うことが必要だ。

　出場するかどうかの判断も慎重に行う。体調がよくないときは決して無理をさせてはならない。走らなくても、温かい服装で友達の応援に出て楽しむことができる。大会に出られなくても、それまで

に頑張ったことをほめてやることができるし、来年の大会もある。出場できなかったことも学習である。

　大会終了後、成績がよかった児童生徒は表彰して頑張りを讃えたい。学校全体で開催したとしても、表彰は学部ごとや学年ごとに行うなどの工夫をして、できるだけ多くの子供をほめてやりたいものである。一人一人頑張ったことは確かなので、入賞しなかった子供もその頑張りを讃えるような工夫があるとよい。息を切らし、汗をかいて走ってくる子供たちは、いつもより力強く見えるものである。

第7章
年間を通して

年間を通して

　年間を通して、教師はいろいろな場面で立ち止まって考える。ふと「これはどのように考えたらよいのだろう。」「これからどのように進めていけばよいだろう。」と思うとき、この章の中に疑問に答える項目がないか見ていただけばよい。その都度起こってくる事柄や授業、児童生徒に接するときの基本的な考え方についてまとめてある。

　一度何か参考になるものを読んで、自分で工夫して実践してみる。うまくいくこともあれば、そうでないこともある。そしてときどきは、自分の実践を見直してみる。そのときに以前参考にしたものをもう一度読み返してみるのもよい。理解していると思い込んで実践していることでも、基本に立ち返ってみることは大切だ。基本は何度でも繰り返し読んで、自分の実践の中で確かな意味のあるものにしていきたい。

－この章の項目－

1．通学指導	8．遊びの指導
2．児童生徒への対応	9．生活単元学習
3．授業の組み立て	10．作業学習
4．学習指導案	11．給食指導
5．授業力を高めるために	12．学校からの通信
6．教科別の指導	13．保護者との連携・協力
7．各教科等を合わせた指導	14．教室に植物を置く、生き物を飼う

1　通学指導

　中学部や高等部になると自主通学（一人で登校したり下校したりすること）の指導が必要な場合がある。

　学校を卒業した後、一般企業に勤めるときはもちろん、作業所等の就労支援事業所へ通うときでも、自分で交通機関を利用できる、または徒歩で安全に移動できるというのは、生活を支える大変重要なスキルの一つである。

（1）まずは歩行の指導から

　一人での通学を考えているのであれば、学校での様子、保護者からの聞き取りに基づいて、早めに取り組みを検討し始めるのがよい。

　交通ルールを守って、周囲の様子に注意しながら安全に歩くことができることがまずは最低限必要な条件といえよう。気になることがあると急に駆け出したり、横断歩道のないところを平気で渡ったりするようでは、なかなか指導に入ることができない。まずは安全な校内で、信号のことなどをきちんと指導する必要がある。

　教師は、実際の指導に入る前に、通学するルートを保護者と一緒に歩いてみることが必要だ。歩道の整備状況はどうか、歩道のないところはどのような道幅か、交通量はどのくらいか、自動車だけでなく自転車やバイクなどもどのくらい走っているところなのか、信号の数、途中にある店などにも注意を払っておく。

　はじめは本人と並んで歩いてみる。どんな様子で歩くのかを見るためなので、本人にもいつものように歩くことを促し、余計なこと

を話しかけたりしないようにして注意深く本人の様子を見て歩く。

　次は、少し後ろから歩いてみる。隣にいなくても、何となく動き
は分かるはずだ。この段階で問題が生じたときは、その問題が生じ
ている場面で直接どのように行動するのが望ましいかを指導するの
がよい。

　最後は、直接本人と学校の中で関わりのない（例えばほかの学部
の）教師に協力してもらい、本人にだれもついていないと思わせる
状況の中で安全を確認する。気になったことはきちんと報告しても
らい、ていねいに指導する必要がある。たとえば、自販機の前で一
通りの飲料水の名前を言うなど、思いがけないこだわり行動を見せ
たりすることがあるが、その報告を受けたらすぐに指導することが
大切だ。

（2）公共交通機関を利用するとき

　安全に歩くことができるようになったら、公共交通機関である電
車やバスを利用しての通学を考えたい。電車やバスは、交通 IC カー
ドを利用するのか、定期券を購入するのか、児童生徒の実態に合わ
せて決定する。近年は、公共交通機関を利用するとき現金を持つ必
要がなくなったので、子供が一人で交通機関を利用しやすくなった。

　乗り降りする駅や停留所をマークとして認識できたり、案内放送
が聞き取れたりできるのであれば、文字は必ずしも読めなくても大
丈夫だ。決まった手順をしっかりと守って、電車やバスに乗り降り
する。電車やバスの中で大声で独り言を言ったり、歩き回ったりす
るなど、他の乗客の迷惑になるような行為が見られたら、いったん
通学指導を中断するなどの強い対応が必要である。そうした問題が

あると、その子供だけのことでは終わらない。通学指導に取り組んでいる他の子供たち、実際に自主通学をしている子供たちがみな同じ問題をもっていると見られがちなので、迷惑をこうむることになるからである。

　駅・バス停までのルート、電車やバスの待ち方・利用の仕方などの各項目を、実際の通学の流れの中で実態を把握し、指導していく。一度に多くの事柄を教えるのではなく、時間をかけて確実にスキルを高めていきたい。公共交通機関を使う場合も、最後は担任や同じ学部の教師でなく、本人があまり知らない人の協力を得て、一人で通学しているような状況の中で安全を確認する。

　丁寧にこうした段階を経ることで、子供にも保護者にも通学指導の大切さが理解されていく。簡単に大雑把な実態把握でたぶん大丈夫だろうという見込みで自主通学を始め、児童生徒が行方不明になるような事態は、子供を大きな危険にさらしてしまうことになるので、絶対に避けなければならない。

（3）思いがけないことへの対応

　さらに、万一の事態が起こったときに備えて、緊急時の避難方法、連絡方法、過ごし方などをしっかりと指導しておく必要がある。中学部や高等部では、特に携帯電話の使い方を十分に理解させておくことが大切だ。生徒が理解できる方法を教え、実際の通学場面で途中経過を報告させるなどの練習をさせておくとよい。何度か使い方を教えただけで場面に応じて使えることはほとんどない。実際に何度もそうした経験をしていてはじめて、何らかの理由で電車やバス

が遅れたときにすぐに連絡がとれるようになるのである。

　また、電車やバスを使うと多くの人と接する。ほかの学校に通う生徒たちとも触れる機会が多い。人とのトラブルを避ける方法も、トラブルに巻き込まれたときの対処方法も指導しておく必要がある。

　さらに、定期券やICカードを忘れたり失ったりしてしまったときの対処、チャージ金額の確認とチャージ方法、自分の荷物をどこかに置き忘れてきたときの対処なども教えておきたい。場合によっては、本人が使えるトラブル対処ブックを持たせておくことも考えよう。必ずトラブルはあるものだと考えておく必要がある。漫然といつも通りの日が続くと考えるのではなく、教師自身も危機感を持って対処の方法を指導していこう。

2　児童生徒への対応

（1）暦年齢相応の対応を

　中学部や高等部の生徒は、学校で「子供扱いされる」ことを最も嫌う。生徒たちの気持ちを傷つけるからだ。

　特別支援学校は小学部の児童も在籍している学校が多いため、中学部や高等部の生徒に接するときに子供扱いをしがちな側面があるから、普段から生徒の暦年齢をしっかりと意識し、相応の対応に心がけなければならない。

　特に中学部や高等部の生徒は、思春期のただ中にあり、いろいろなことに敏感である。当該年齢の一般の中学生・高校生がどのよう

にふるまい、どのように感じるかを基準に、中学生・高校生として関わることが大切である。

　こうしたことは、小学部においても同じである。低学年と高学年が同じ対応であるのは考えものだ。学部の中でも年齢相応の対応、学年相応の対応を常に心がけたい。

（2）肯定的な明るい会話に努めよう

　また、子供たちには聞こえないだろう、または理解できないだろうと思って話していること、例えば「これはこの子にはちょっと難しい。」「この子には分からないんじゃないか。」「あの子はがんばらない。」などの言葉が、直接その子供に言ったことでなくても、まわりの子供たちには聞こえていることがある。そして、自分自身に言われたように感ずることがあるようだ。こうした否定的な言葉は、児童生徒の自信をなくすもとになり、知らないうちに教師自身の子供たちに対する見方にも悪い影響を与える。普段からできるだけ肯定的に、前向きに、希望が湧いてくるような、教師も子供も気持ちが明るくなるような言葉かけ、会話に努めたい。

3　授業の組み立て

　新しい学習指導要領では、すべての教科等が①知識・技能、②思考力・判断力・表現力等、③学びに向かう力・人間性等の3つの柱で再整理されている。これは、そのまますべての授業を計画し評価していくときの、そして児童生徒の学びを考えていくときの重要な

観点である。

　授業を組み立てるとき、まず最初に目の前の児童生徒に対して、今このときに、何（どんな知識・技能）を教えたいのかをしっかり考えることである。そのためには、児童生徒の実態を十分に考慮しなければならない。児童生徒の教育的ニーズにぴったりくる知識・技能に狙いを定めるのである。

　次にそれをどのように授業で展開するかを考える。知識・技能を学ぶ過程で児童生徒が主体的に活動し、教師や共に学ぶ友達と対話して、思考力・判断力・表現力等を高めていくのである。それには、知識の羅列や単なる反復練習とは違う児童生徒の能動的な活動を導く場の設定や働きかけが必要である。これまでの授業とはどこがどのように違うのかということを明確にした授業の展開を創造していくことが大切だ。ただ実際には、すべての単元及び題材の全部の指導時間をこのような展開にすることは難しい場合もあろう。中核となる学習内容について、こうした学びが実現するように授業を組み立てていきたい。

　中核となる学習内容については、児童生徒がおもしろいと感じ、楽しんで満足し、自ら何かを成し遂げたと思える活動を積み重ねることができれば、積極的に物事に向かう力が育っていく。学びに向かう力の芽生えである。そして、できるならば、本時の単に目前の課題に積極的に取り組むというだけでなく、最後までやり遂げる力を高めたい。授業の一単位時間の中で短いスパンで解決する課題だけではなくて、何時間もかけてようやく完成するような大きな課題について共に考えて取り組み続け、成し遂げていく授業がどうしても必要である。

３つの柱はどれも重要である。①から③への順序で考えを進める
ことで授業を構築しやすくなる。①から③までのどれかに力点を置
いた授業もあるだろう。どんな内容や課題について、どのような授
業展開をしていくのかを整理して授業を組み立てよう。

4　学習指導案

　いろいろな場面で学習指導案を書くことがある。学習指導案には
細案と略案があるが、いずれも授業のデザインであり、できるだけ
多く書いて、自分の頭の中にさっとイメージできるようになるく
らい習熟しておきたいものである。毎回の授業では細かな指導案を
書いていないが、少なくとも授業の流れを示す略案が頭の中にはイ
メージとしてあるのが前提である。

　細案には、まず児童生徒の実態、単元や題材の設定理由と特徴、
そしてそれをどのように展開していきたいのかを書く。つまり、ど
んな子供たちに、なぜ今この時期にこの単元（題材）を、どのよう
に指導したいのかが明確に示されていなければならない。これらが
分かりやすく論理的に記述されているかどうかがポイントだ。授業
者の独りよがりになっていないか、児童生徒の実態に合ったものに
なっているかどうか、違う題材でもっと効率よく学ぶことはできな
いのかなど、広い視野で検討する必要がある。どのように指導する
かを書くところに教師自身のオリジナルな工夫が書き込めるとよ
い。

　児童生徒の実態を書くところは、表と記号を使って一目で分かる

ものにしたい。近年は文章で実態が表記されているものが多いが、同じような記述が繰り返されていることも多く、読み取るために時間がかかる。◎と〇、△などの記号を使って表すだけで大まかな実態は分かるものだ。

　表3に例を示した。左側は見てのとおり◎、〇、△の記号を使って表したものである。それを文章表記にしたものが右側である。文章表記を読むまでもなく、記号を見れば児童Aは、何にでも意欲的に取り組む子で、かなり理解力も高いのだろうと読み取れる。また、児童Cはいろんなことをやりたがるけれど、理解ができてないこともあるのだろうとみることができる。児童Dは理解させるときにも活動するときにも支援が必要なのだと分かる。文章表記と比較して、どちらが分かりやすいかは考えの分かれるところかもしないが、読み手のコストを考えると記号を用いる方がよい。文章であっても記号であっても、表す内容は同じである。児童生徒数が多い集団での授業の場合、同じ記号が何度も出てくる。その場合は、記号についての説明を書いておけばよい。同じ文章を何度も読むよりは、読み手のコストはずっと少なくて済むはずだ。

表3　児童生徒の実態の表し方の例

児童名	意欲	理解	意　　欲	理　　解
A	◎	◎	何事にも積極的に取り組もうとする。	自分が取り組むことを理解できる。
B	〇	〇	好きなことには積極的に取り組もうとする。	ほぼ自分の課題を理解できる。
C	◎	△	ほとんどのことに積極的に取り組む。	一部分だけを理解している。
D	△	△	支援を受けて取り組むことができる。	一部分だけを理解している。

また、文章表記でほんの少し文末が変わっているものもよく見られるが、通知表の表記で前述したように、「少し」や「できるときもある」などの記述は結局のところ、よく分からない表現なのである。小さなスペースで書ききれるはずがない。割り切って見やすい実態表を作るように心がけよう。

　展開については、授業の様子がありありと目に浮かぶように書かれていることが望ましい。授業はじめの挨拶やまとめにこまごまと書いてあるものもあるが、定番の決まり文句を書くのであればそうした記述は不要である。挨拶やまとめで工夫した特別のことがあるのであれば書いておく必要があるが、「元気に挨拶するよう声をかける」などは当たり前のことだから書く必要はない。授業の山場となる中心的な活動、児童生徒の学び、その時間のねらいにつながるような部分は、丁寧に書くことが望まれる。そのときのポイントとなるキーワード、教材、板書、さらには発問など指導案の読み手が分かるようにボリュームを割いて記述するのがよい。指導案を読んだときに、今日はこんなねらいで、このような授業をするのだとイメージできるように具体的に書かれているかどうかがポイントだ。学習に使う写真や図・グラフを余白に示しておくのもよい方法である。

　略案は細案の中の展開の部分が抜き出されたものだと考えればよい。書き表してはいないが、細案に書いたようなことが背景にあるのだから、整理しておくことは必要だ。略案を読んだときに、授業の様子がありありと目に浮かぶように書かなければならないのは細案の展開と同じである。略案でも、本時の展開の中核はできるだけていねいに書く方がよい。分量もあまり多くならないようにして、

95

授業で何をするのかがはっきりと分かるように書くことが大切だ。

　指導案には決まった形式はない。教育委員会が形式を指定している場合はそれに従わなければならないが、校内の研修会や自主的に研究授業を行うときなどは、指導案にも新しい工夫が必要である。自分が授業にあたって工夫したこと、児童生徒を学習に導く仕掛けを分かりやすく示したい。

5　授業力を高めるために

　教師は、自分の授業力を高めるための努力をし続けなければならない。授業が勝負だ。

　授業力を高めるためには、自分自身の授業を振り返ることが一番である。自分の授業すべてを振り返ることは難しいから、せめて新しい単元に入ったときや関わり方に工夫を加えてみたときなどは、ぜひ時間を取りたいものである。新単元の授業について、指導案を考えるときに想定していたような反応が子供たちから返ってきているのか、準備した教材は分かりやすいものだったのかなどいくつかのポイントを決めて振り返りたい。また、関わり方を変えたり工夫したりしたのであれば、それが適切に作用しているかどうかを見る必要がある。自分が思い描いていた子供たちの反応と、実際の授業の様子とを比較してみるのである。指導案があればそれに基づいて行い、ない場合は授業の流れをメモしてそこに気づいたことを書いていこう。

　また、できれば定期的に授業をビデオカメラで録画して、自分自

身でチェックしてみるのがよい。すぐに自分の話し方やふるまい方の特徴に気づく。同じことを繰り返して説明したり、話のはじめに自分で「はい」と言ったり、語尾がいつも「思います」になっていたりする。子供たちの前をうろうろ動き回っていたり、反対に同じ場所にずっといたりする。さらに、声の大きさや話し方に変化が乏しくて一本調子になっていたり、笑顔が少なく怖い顔に見えたりすることもある。テレビの位置や教材の配置が子供たちの活動を妨げていることがある。子供たちの良い動きを見過ごしていたり、子供の発言に教師が過剰に反応してしまっていたりもする。自分で自分の授業を見るからこうしたことに気づくのであって、なかなか人に指摘されることがない。だからこそ、自分自身で気づいて修正し、分かりやすい話し方ができるように、落ち着いて子供たちに関われるように授業力を高めていかなければならないのだ。ビデオでの授業の振り返りでも、指導案などにそって授業の内容についての検討が必要なのは言うまでもない。こうした地道な取り組みが、良い授業を形作っていく。

　そのうえで、学校研究や指導主事訪問に関係して研究授業があるときは積極的に引き受けよう。多くの先輩や同僚の教師に授業を見ていただける貴重な機会であり、日ごろの授業力を高める取り組みの成果を試すチャンスである。授業整理会で他の教師からいただいた意見には真摯に耳を傾け、自分とは違った視点を学ぼう。それを生かしてさらに自分の授業力を高めていくのである。

　どんなに頑張っても、ねらいどおりに完璧に進む授業というのはなかなかできないものだ。だが、「これはどうしたことだ」と自分で驚くほど子共たちとの息がぴったりと合い、充実感に満ちた瞬間

に出会うことがある。そんな時はきっと子供たちにも深い学習が成立しているに違いない。さぁ、カメラを持って教室に行こう。

6 教科別の指導

（1）まず、学習指導要領と解説に目を通す

　学校では「ことば」と「かず」、つまり国語と算数・数学の指導が重要である。知的障害特別支援学校においても、様々な学習の基礎となる「ことば」と「かず」の指導をしっかりと行うのは当然のことである。音楽、図工・美術、体育・保健体育などの教科も将来の余暇利用につながる生活を豊かにするものであり、楽しみながら学習を進めたい。

　教科別の指導においては、まずはじめに小学校の学習指導要領と解説を読むこと、特に各教科の解説には必ず目を通すことをお勧めする。学校教育の基本はこの中に集約されている。そのうえで、特別支援学校の学習指導要領と解説を読むと理解しやすい。ベースを小学校や中学校の教育に置きつつ、特別支援学校に在籍する障害のある児童生徒に合わせて内容が示され、配慮すべき点が述べられているからだ。また、幼稚園教育要領にも目を通しておきたい。発達が未分化な幼児に対して、どのように教育を考えていくかが示されている。

（2）学習の態勢を整える

　まず、子供が椅子に座って簡単な課題に取り組むことができるよ

うになることを目指す。ことば、かずともに、初期の学習は指示に従って課題に取り組む、つまり学習の構えがとれるようになることがスタートだ。知能検査の課題をイメージするとよい。何らかの指示を与えて、その指示どおりのことができるかどうかを見極めていく。言われたカードを取る、同じものを指し示す、同じ種類のものを集めるなど、実際に手を使って行う課題がよい。課題ができたときに、本人に分かるようにほめてあげることが何より大切だ。どうすることがよいのかが分からなければ、繰り返しても正解にたどりつかない。

　気をつけなければならないのは、同じ教材を使って違う課題に発展させる場合である。例えば、何枚もの〇△□のカードで、丸は丸、三角は三角などと同じものを集める課題に使っていた教材を用いて、今度は机上に〇△□のカードを並べ、「丸をください」というように指示されたカードを取るような場合である。教師は違う課題であることが分かっているし、その教材は使い慣れていると思っているが、児童生徒にとっては本当に分かりにくい課題になっていることが予想される。目の前にある教材は同じなのに、昨日までと同じことをしてもほめられなくなるのであるから、混乱するに違いない。違う課題に進むときは、必ず別の教材を準備することが望ましい。

　また、記録を残したい（（6）「記録を取る」で詳述）。できたか、できなかったか、どのくらいの時間かかったか、正答数、間違ったときの様子、どこで間違ったかなどをその場で記録していく方法を身に付けておきたい。1週間か2週間、または数時間分の記録がたまったら必ずまとめてみることが大切である。同じ課題を間違えて

いたり、以前よりも課題に時間がかかっていたりすることがある。正答数が増え、課題達成に要した時間が短くなれば、確かに学習が進んだといえる。こうした事実に基づいて、次の課題を考えたり、ステップダウンしてもう一度簡単な課題に戻ったりするのである。正確な記録がなく、分析もないままに課題を変更したり、次の課題に進んだりするのは、結果として必ず児童生徒の混乱を招き、学習がどこかで停滞するもとになる。簡単な課題でも心してあたりたい。

（3）課題は少しずつ難しく

　教師と対面で、椅子に座って一定時間、課題に取り組めるようになったら、少しずつ課題の難度を上げていく。文字や数のプリント類、練習帳などは市販のものが多数ある。どんどん使って、たくさん練習することだ。鉛筆やペンが持てるようになると手を使う課題が多くなりがちだが、課題に飽きないよう、一緒に絵本を読む、ことばで答えるなどの課題もできるだけ多く盛り込むようにする。

　いろいろとできることが多くなってきたら、自分一人で取り組める課題を準備して、取り組ませる。途中で声をかけたりせず、一枚のプリントが終わるまで見守り、最後に丸つけをして、間違った点について指導する。課題を終えたプリントはファイルに綴り、学習の成果として残していく。この場合でも、頑張ったことをどのようにほめていくか、工夫のしどころである。

　学習指導要領に示されている国語、算数・数学の内容を丁寧に、生活に即した形で身に付けていくことができるよう教材を工夫して指導していく。各教科の系統性を大切にしながらも「生活に生かす」という視点を常に意識するということである。

（4）ICTを使おう

　ICTの活用も積極的に進めたい。プリントではできないこともICTを使うことで可能になる。例えば音声で答えさせること。前述したように、ことばを話すことはできるだけ多くの学習機会を設けたい。教師が子供についていなくてもICTの利用によりそれが可能になる。かなりのアプリが課題達成度合い（正答数）を自動で記録している。いちいち教師が記録をつけなくてもよい。ただし、この場合でも何回かの試行が終わったら、記録をチェックし、同じ間違いを繰り返していないかを確かめていかなければならない。

　ICTはいろいろなアプリを使うことでたくさんの種類の学習が可能である。使いこなすための研修を積極的に受け、実際に授業の中で使ってみることが大切である。

　一方で、ICTはいろいろなことができるだけに、情報過多にならないように気をつけたい。本当に学習させたいことは何なのかを整理して、適切なアプリを使うことが望ましい。あれもこれもといろいろなアプリを試してみることは、結果的に児童生徒を混乱させる。また、指先一本の活動がほとんどであるため、分かったようなつもりになりやすいので、実際にものを操作する活動も合わせて大切にしていきたい。

（5）基礎になる学力をしっかりと

　文字の読み書きができること、数が分かることは、高等部卒業後に仕事を中心とした生活をしていくときに、本人を支える大切な能力である。

　例えば、10までの数が正確に数えられる生徒は、10個の品物

の束を10個作っていくことができる。つまり、100個単位の仕事ができるということだ。必ずしも、桁数の多い加減算が正確にできなくてもよいのである。もちろん、もっと大きな数の加減乗除の計算ができるにこしたことはないが、そうした計算は、電卓やスマホのアプリを使って行うことが可能である。数は、間違えないということが一番大切なのである。児童生徒の扱える数を、確実なものになるよう工夫して指導したい。

　また、文字も仕事の上では非常に重要だ。必ずしも正確に読み上げることができなくても、記号として見分けることができれば、作業では役に立つ。例えばピッキングの作業では品物を探すとき、アルファベットや数字が組み合わさった品番を手がかりにする。品番に示された文字を間違えずに見分けることができれば、作業が可能である。伝票の整理でも、文字をきちんと見分けることが大切だ。

　ことばやかずの学習で身に付けたことは、生涯にわたってその子の生活を支え豊かにする大きな力である。ことばや数に教育的ニーズがあると判断した子供には、一つでも多くの文字を読んだり書いたりできるように、数が分かるように徹底した指導を進めるべきである。

（6）記録を取る

　指導記録はとても大切である。記録がないのは、指導していないのと同じであると言ってもよいくらいだ。

　ある課題ができたかできないかは○や△、Ｆ（完全）Ｈ（半分）などの記号を用いて10回なり5回なりのやった回数分を指導しているその場でつけていく技術をマスターしたい（表4参照）。

表4　課題記録用紙の記入例①

試行数	5／9（水） 1回目	5／9（水） 2回目	5／10（木） 1回目	5／10（木） 2回目	×／×（×）	×／×（×）
1	○	○				
2	○	△				
3	△	○				
4	△					
5	○					
	○3					
	△2					

　文章で記録をつけている教師は多いが、文章は最後に整理をするときにコストが高くなり、多くの労力と時間を要する。長く、細かく書いてあればあるほど、読むのに時間がかかる。いろいろなことが書いてあるから、何が大切だったのか、どこが変わったのかがかえって分かりにくいことがある。だから教師は記号を使って、記録を取ることに慣れる必要がある。こうした記録は、何日か分、または月ごとの指導分をまとめて示すことで変化を分かりやすくすることができる。例えば表4のような記録をつけていくと、表5のように月ごとにまとめることができる。○が増え、課題が徐々にできるようになってきていることが一目で分かる。

表5　記録集計の記入例①

	課題1		課題2	備　　考
5月	○ 13	△ 37		
6月	○ 25	△ 25		
7月	○ 37	△ 23		早くなり試行数増加
9月	○	△		
・課題遂行時間についても記録が必要（7月）				

　また、介助の程度などは、介助した教師本人しか分からないことである。しかも感覚的なものであるので数値化しにくいといわれることが多い。たとえそうであっても、それを記録しておくことは大切だ（表6参照）。どの程度が全面的な介助（全介助）なのか、半

表6　課題記録用紙の記入例②

	着替え（朝）		着替え（帰り）		備　　考
	上着	ズボン	上着	ズボン	
○／○（月）	全	全			
○／○（火）	2/3	半			動作がスムーズ
○／○（水）	全	全			
○／○（木）	全	全			
○／○（金）	全	全			
全：手を持って全面的に介助 半：途中まで介助					

介助とはどのくらいかを教師は整理しておく必要がある。こうして日ごとの記録を付けていくと、それを月ごとにまとめれば変化を追うことができるものになる（表7参照）。表中の「全」が書きにくければ、○に置き換えてもよく、またFとしてもよい。つまり、ちょっとしたことも記号で残していくことが大切だということだ。

表7　記録集計の記入例②

	着替え（朝）		備　　考
	上着	ズボン	
5月	全15	半5	
6月	全15	半5	
7月	全10	半4	スムーズな日が増加
9月	全	半	
・2/3は半に含めた ・スムーズさを記録にどう表すか			

　表7からは、月を追ってみてみても、あまり着替えの介助の程度に変化がないことが分かる。しかし、7月の備考欄に動作がスムーズな日が増えてきたとの記述があるので、そのあたりを記録する工夫が必要であり、またどうすれば介助の程度を減らして自分で着替えをすることができるようになるか、指導方法の立て直しが必要であることが分かる。記録は、子供の変化を捉えるものであると同時に、教師側の指導方法を検証するためのものでもある。データに基づいてものを考える習慣をつけたいものである。

（7）定着させるための工夫を

　いったん学習したことが定着するように、いろいろな場面、時間を使って繰り越し学習することが重要である。朝の着替えの後、朝礼が始まるまでの時間にプリントや読書をする、いわゆる朝自習。同じように終礼前のちょっとした時間に子供たちが自らＩＣＴを使って調べ物をするなど、教師がうまくそうした時間を使うように働きかけていきたい。

　一方で、友達同士で話したりふざけたりする時間も大切なので、全体のバランスを考えながら、なおかつ学習を定着させるための時間にも配慮していきたい。

7　各教科等を合わせた指導

（1）全体の関係をつかむ

　まずはじめに、知的障害教育における各教科等を合わせた指導の全体の関係についてまとめておく。

　各教科等を合わせた指導といえば、日常生活の指導、遊びの指導、生活単元学習、作業学習の４つ指導形態である。このうち、日常生活の指導は残りの３つとは違う性質のものである。日常生活の指導は、生活の流れに沿って生活に必要な知識・技能を指導するものである。それに対して遊びの指導、生活単元学習、作業学習は明確な指導意図をもって指導の場、時間を設定して学習として活動を組織するものである。毎日の生活の流れの中で自然発生的に指導場面が生まれるものとは明らかに違う。各教科等を合わせた指導であって

も全く性質の違うものであることを理解しておく必要がある。遊び
の指導、生活単元学習、作業学習は、児童生徒の発達段階に合わせ
て進化発展していくものであると捉えてよい。小学部低学年で作業
学習をすることはないし、高等部になって遊びの指導はない。発達
段階と生活年齢を考慮して、各教科等を合わせた指導を展開してい
く必要がある。

（2）指導形態別の特徴を理解して

　遊びの指導、生活単元学習、作業学習はつながりのある指導形態
である。それぞれの特徴を表8に示した。それぞれの指導形態で授
業をするときのメンバーの構成でみると、遊びの指導は一人一人バ
ラバラでよいが、生活単元学習や作業学習は基本的に集団である。
遊びの指導では、ルール性のある遊びをしたときは部分的に集団で
の活動もありうるし、作業学習においては一人ですべての工程を担
当する場合は個別もありうる。

　課題の質でみると、遊びの指導と生活単元学習は児童生徒の興味・
関心に基づいているのであるが、作業学習では与えられるものであ
る。遊びの指導では目の前にあることを「やってみたい」というも
のであり、生活単元では集団（仲間）で取り組みたいものを取り上
げるということであるから、内容的には深化していく。

　それら課題に対する意識で見ると、遊びの指導は共有している必
要はないが、生活単元学習や作業学習においては共有していること
が必須である。

表8　各教科等を合わせた指導の特徴

	遊びの指導	生活単元学習	作業学習
構　成	一人一人 →　集　団	集　団	集　団 （一部個別）
課題の質	興味・関心 やりたいこと	興味・関心	与えられる
意　識	バラバラ →　一部共有	共　有	共　有
教師の役割	遊び相手	メンバーの一人	職長（プレイング マネージャー）

（3）指導者は共に活動する者として

　遊びの指導、生活単元学習、作業学習のいずれの指導形態においても大切なことは、教師は指導者でありながら常に児童生徒と共に活動する者でなければならないということである。

　遊びの指導では遊び相手として、生活単元学習では集団の一員として、作業学習では共に働きながら指導するプレイングマネージャーとして過ごさなければならない。教師が指導者として児童生徒の前に立って常に働きかけたり、あるいは評価者としてなりゆきを傍観して記録したり、叱責したりする姿は、これらの指導形態にはそぐわない。「共に活動する」ということを肝に銘じて指導にあたりたい。

（4）日常生活の指導は生活の流れの中で学ぶ

　日常生活の指導は、前述のとおり生活の流れに沿って生活に必要な知識・技能を指導するものである。着替えの場面で服を脱いだり着たりすること、脱いだ服をたたんだり片づけたりすることも流れ

に沿って学ぶ。もちろんボタンのかけはずしも一連の動作の中で学習していく。食事の場面では、食べるときのマナーや箸、スプーンの使い方、食べ方などを学ぶ。特別にある技能だけを取り出して繰り返し練習するようなものではないことを理解しておくことが大事である。生活の流れ中で、実際に行う動作についてその場に即して具体的に学ぶのである。

8　遊びの指導

◆遊びの指導は一人で楽しいことから

　遊びの指導は、児童が個々に自分のやりたい遊びを精いっぱい楽しむことで、自ずからいろいろな能力が高まると考えているものである。小学部段階で展開され、指導の初期は、児童がばらばらにそれぞれ自分のしたい遊びをするように展開する。いろいろな遊びができるようになり、役割遊びなどの芽生えがあれば、一つの集団遊びを展開することも可能になる。教師は、児童を自由に活動させておきながら、いろいろな遊びが展開できるよう環境を整え、遊び相手の一人として関わっていく必要がある。教師主導で「〇〇あそびをするよー！」と呼びかけて遊び方やルールを教えるのは、遊びを指導の手段としており、本来の遊びの指導とは考え方が違うものである。かるた遊びで文字を教えようとするのであれば、国語の時間に行うほうがよい。また、遊びの指導と称して、中庭の遊具のあるところなどで、児童を自由にさせているような場面を見ることがあるが、これは遊びの指導ではない。教師も常に遊び相手としてとも

に活動していることが大切である。

　遊ぶことが幼児児童にとって大切であることは誰しもが認めるところであるが、学校でそれを学習として展開していくことは実際にはとても難しいことである。子供たちは遊んでいるのであるが、教師はその活動を通して、ねらいとするいろいろな力を子供たちにつけていきたいと考えているのだ。教師には非常に高い指導力が求められるし、まだまだ研究が必要である。

9　生活単元学習

（1）生活単元学習は仲間と一緒に楽しいことを

　生活単元学習は、各教科等を合わせた指導の中で最も中心的なものである。知的障害のある児童生徒が生活に必要な知識・技能を、生活に即した形でまとまりのあるものとして学び、併せて何よりも大切な主体性を身に付けるために適切な指導の形態である。子供たちが自分の生活の中から課題を見つけ、共同の課題意識を持ち、役割分担して力を合わせて解決していったり、やり遂げたりしていく過程で、様々なことを学習するものである。

　とはいえ、小学部段階の指導の初期は教師が単元を設定することはありうるし、展開していくときも教師がリードすることは起こりうる。一つ目、二つ目と単元を繰り返していくうちに、少しずつ児童生徒に役割を移行していき、できれば子供たちが自分たちで最後までできるように導きたい。例えば、「誕生会」という単元は、みんなで友達の誕生日を祝うという意味の活動で、その場合「お祝い

して楽しい時間を過ごそう！」という課題は児童にとって共通の意識を持ちやすいものであろう。誕生会の当日までに子供たちができる準備をし、おいしいものを食べて、ゲームや出し物をして過ごす中で、みんなと一緒に時間を過ごすことは楽しいという経験をしていく。誕生会では司会者、ゲームや出し物をする係、おやつ係、飲み物係などいろいろな仕事がある。それらを分担して「誕生会」という活動を作り上げるのであり、自分に割り当てられた仕事や役割を果たす過程でいろいろな思いや経験をしながら多くのことを学んでいくのである。

　はじめは司会は教師がするかもしれないが、徐々に児童生徒に移行していく。おやつもだんだん手の込んだものにしていく。ゲームや出し物についても同様である。同じような活動を繰り返しながら、内容が発展していくということが生活単元学習の大事なところである。繰り返し同じような活動をすれば、児童生徒は活動に見通しが持ちやすくなる。見通しが持てれば、次に何をすればよいか自分で分かるようになる。はじめは袋菓子を分けて食べていたおやつも、そのうちにホットケーキを作ろうという話になる、次はトッピングを考えようというように発展していくのである。

（2）単元の設定は熟考して

　単元は思い付きで設定するものではない。児童生徒の実態、物事に対する理解の状況、集団の構成などいろいろ考慮して、仲間と一緒に取り組んだら楽しいと思えるような内容について、子供が自分たちで決めて取り組んだように理解していくよう働きかけを工夫して進めるものである。単元を発展させる方向を表9に示した。はじ

めのうちは最も小さな集団、簡単な内容・活動から設定するのがよい。はじめから大きな集団で、細かな係割分担して単元展開できるものではない。小学部の低学年で遠くまで出かける単元は生活場面からかけ離れている。

　また、児童生徒がそれまでに1回も経験していないことや、中学部・高等部で1回しか経験しないこと（例えば修学旅行）を単元に取り上げるのは本当は難しいことだ。子供たちが内容を理解していないからである。経験したことのない事柄については、意見を言うことができないし、どちらがよいか聞かれても選択のしようがないのは私たちも同じだ。しかも、ほとんどのことが教師たちによって決められており、子供たちが自分たちで決められることが非常に限られていて少ない。

　さらに、校外学習を取り上げて「動物園に行こう！」などの単元を設定していることもあるが、その中で動物の名前を覚えたり、公共の場所でのルールを学習したりするのは、生活単元学習の本筋とは違うものである。校外へ出かける単元であれば、どこかへ行こうと相談をして行き先を決め、そこへ行くためにどんな交通機関を利用すればよいのかを調べ、必要なお金を調べ、昼食はどうするか、

表9　単元を発展させる方向

	発展させる方向
集団の大きさ	3〜4人　→　7〜8人　→　外部の人も
距　離	近い（いつもの場所）→　近隣　→　遠く
内　容	易しい　→　少し高度　→　高度
活　動	簡単　→　少し難しい　→　難しい

…などをみんなで考えて決め、そして実行するのが望ましい展開である。前述した修学旅行のように、行き先も交通手段も教師が決めてしまってあるものは、本来的な意味では単元になりにくい。お出かけ単元は、中学部や高等部などの力のある生徒たちが取り組む単元である。

　文化祭、運動会などの学校行事は単元に取り上げられることが多いが、例えば文化祭ならその中の「劇」や「お店を開く」など、具体的に取り組むことを単元にすることが大事である。

　児童生徒が自分たちで決められることがたくさんあるイベントは、生活単元学習として取り上げるとおもしろい。初期段階では、教師がある程度主導して単元を展開してよい。徐々に子供たち主導に移行すればよい。いつ、誰と、どんなふうに、何を、と全部が考えて決める材料であり、一つ一つ考えて取り組んだ単元はそれだけ学ぶことも多いのである。

（3）繰り返しの中で発展していく

　誕生会の単元は、小学部高学年から中学部・高等部ではパーティ単元に発展していく。季節に合わせてクリスマスや収穫祭などのパーティをしたり、お世話になった人を招いて感謝パーティを開いたりもできる。人を招くときは、招待状や案内状を作成する必要がある。また、クリスマスなどでは会場の飾りつけもしなければならない。近年行われるようになったハロウィンパーティも、仮装という新しい要素が加わって、小学部から高等部まで楽しめるものである。みんなで集まって、おいしいものを食べて、ゲームや出し物を楽しむという基本パターンは同じだが、内容的にはどんどん発展し

ていく。まさに私たち自身が、自分たちの生活を楽しみながらいろいろなことを覚えてきたことと同じである。

　ゲームや出し物もはじめは簡単なものから、徐々に高度なものに発展させていけばよい。絵本の読み聞かせから、一部にペープサートを取り入れたものにし、パペットなどを用いて人形劇にしていく。さらに自分たちがそれぞれの役になって演ずるなど、児童生徒がよく分かっている話を繰り返して指導する中で、内容を高度な段階に上げていくのである。子供たちはよく知っている話ほど喜ぶものである。ゲームについても同様なことがいえる。

　また、繰り返すからこそ失敗しても挽回のチャンスがある。子供たちが、いろんな役割をはじめから上手にこなしていくことは難しい。多少はうまくいかないところがあったり、時には大失敗したりすることもあるだろう。しかし、次にまた同じような活動で展開される単元があれば、うまくいくようにやり方を修正することができる。　失敗から学ぶことはたくさんある。教師は子供が失敗を繰り返さないよう、上手に目立たないフォローをする工夫が必要だ。子供たちには、失敗を乗り越えてうまくやり切ったときの成就感こそ味わわせたいものである。

（4）教師が参加者の一人になる

　誕生会のような単元が繰り返されていくと、教師が強くリードしなくても会がうまく運営されるようになる。一部分教師が支援するとしても、前面に出て常に指示するような展開ではなくなるはずである。何回も経験しているにもかかわらず、常に教師が誕生会の意味を児童生徒に教え、係の仕事を指示し、一つ一つ活動についてコ

メントしたり、確認したりするのは望ましい展開とはいえない。子供たちが自分で判断し、考え、行動できるように教師の仕事を移行して見守り、必要最小限の支援で会が進むようにすることが大事である。そのとき、教師は参加者の一人となって会を楽しめばよいのである。

10 作業学習

（1）楽しくなくても頑張る

　作業学習は働くことを活動の中心にした指導の形態である。一定の時間働いて、何かを作り出したり作ったものを販売したりする活動を通して、働くことに慣れ、勤労の尊さ、楽しさ、厳しさを知り、学校卒業後に働き続ける力を高めていくものである。中学部段階では、週に４時間から６時間ほどの時間を充て、高等部では週に10時間から12時間ほどを充てていることが多い。

　生活単元学習と大きく違うところは、作業学習は楽しくなくても、やりたくなくても頑張ってやらなければならないという点である。遊びの指導や生活単元学習では、基本的にやりたいことを中心に展開するが、作業ではその日にしなければならない作業量があり、それを何とかこなしていかなければならない。

　木工、陶芸、紙工芸などのものを作る作業種、農業、園芸など作物を育てる作業種、パンやクッキー、ジャムなどを作る食品加工に関わる作業種、ビルクリーニングなど清掃関係の作業種、アルミ缶つぶしなどリサイクルに関する作業種、部品の加工など外部の企業からの請負仕事をする作業種など、学校では様々な作業が行われている。作業種によって難易度が違うため、生徒の能力、特性に応じて作業班に配属させ、本人の力が最も伸びるように作業学習の中で指導していきたいものである。

　また、一般企業等では８時間以上働き続けなければならないので、それに対応できるだけの体力と精神力を高めておきたい。一生懸命に働いた後の爽やかさ、充実感、満足感を作業学習の中で味わわせ

たいものである。そのためには、少し苦しくても頑張り通すことが必要であり、そのときにモデルとなるのが教師である。手を組んで立っていては、汗をかいて頑張る姿を生徒たちに見せることはできない。

（2）指導を始める前に必ず自分で作業を行ってみる

　作業学習の担当作業種が決まったら、指導が始まる前に教師は自分で作業をしてみなければならない。前担当者からその班で作っているもの、行っていた作業について指導を受け、実際に自分で行ってみることが大切だ。指導が始まってからの数時間を、生徒と同じように作業の仕方を習っているようでは、指導者としてその時間を担当していることにはならない。実際に作業をしてみると、見ていたときは簡単そうに思えたことでも案外難しかったり、何とか作業できるもののきれいな仕上がりにならなかったりすることがある。それこそが指導のポイントであり、教師自身が工夫してその部分をクリアしていることが指導場面では生きてくる。短い期間で習熟することは難しいかもしれないが、指導開始前に少なくとも数回は作業を行ってみることがどうしても必要だ。

（3）テーマや目標を分かりやすく示す

　作業学習は、基本的に年間を通じて同じ作業の繰り返しになる。菓子を作る班では、菓子の種類に違いがあっても、基本となる作業にはそれほど大きな違いがない。基本パターンをしっかりと身に付けた上で、作業にバリエーションをつけていくような展開になる。これは、どの班においても同じである。なかには年間を通じてほと

んど同じ作業をする班もある。

　大切なことはマンネリ化を防ぐことである。気をつけることや目標を一定期間掲げて、生徒と共有していく。例えば、「基礎技術確認月間」「安全週間」「文化祭に向けて良い製品を作ろう」「新商品を開発しよう」など、名前は生徒の実態を考えて分かりやすくつければよい。短期間で生徒に強く意識させたい時は、「〇〇週間」という標語にする。一方、「〇〇月間」とすれば、1週間に2回〜3回、作業日を設定している学校が多いので、10回程度、その目標を意識した作業ができる。こうしたテーマを設けることで、指導する側の教師もどういう点に力を入れて指導すればよいか、また生徒も自分自身で何を目指していけばよいかが分かりやすい。目標を掲げない期間もあってよく、必ずなければならないというものではない。常に「〇〇月間」と目標を掲げているのは、それはそれでまたマンネリを招くものである。メリハリをどのようにつけていくのか、学校行事や季節を考えて、どんな目標、テーマを掲げればよいのか知恵を絞りたい。

（4）新製品を開発しよう

　物を作る班では、新商品、新製品の開発は必ず取り組んでいかなければならないものだ。比較的安定して需要がある定番の製品と、新たに開発した製品を並べてこそ、宣伝もインパクトのあるものになる。定番の製品を確実に作っていくことで基礎になる技術をマスターし、その技術を応用して新しい製品を作ってみる。まったく新しいものでなくてもよく、マイナーチェンジでも構わない。生徒と共に常に新しいことに向けて工夫を重ねることで、作業意欲の維持、

増進と技術の向上、販売促進につながっていく。さらに、上述したマンネリ化を防ぐためにも有効である。

(5) 分業が基本

　作業学習では分業が基本である。時折一人で製品づくりの最初の工程から仕上げまでを担当させている作業を見かけるが、全工程を理解させるために一時的にそのようにすることはあっても、常に一人で作ることは少ない。

　分担された作業を確実に行い、そのなかで仕事に向かう姿勢、心構え、望ましい態度、仕事に必要な知識・技能を学んでいくのである。製品を作り上げる工程の一部分しか担当していないから、作業

にやりがいが持てないということはない。多くの人が関わって、力を合わせて仕事を進めていくことこそ、教えておきたいものである。

（6）報告・質問は適度に

　上述したように、作業学習では望ましい作業態度の育成も大切な目標の一つなので、挨拶や返事、報告の場面を無理やり設定している作業も見受けられる。本当は 30 個を続けて作ることができるのに、報告する場面を増やすために、10 個ずつできたら報告させるというのは、作業学習の在り方としては適切でない。

　作業は習熟してくれば質問の回数が減り、作業に従事する時間も伸びてくるはずである。10 個ずつで報告させていたものが、20 個ずつ、30 個ずつと報告頻度も下がるのが普通である。はじめのうち 10 個作るのに 20 分かかっていた生徒は、1 時間に 3 回、報告の機会があったことになる。作業に慣れ、10 個作るのに 15 分でできるようになれば報告回数は 1 時間に 4 回、10 個を 10 分で作れるようになれば 1 時間に 6 回と報告回数は自ずと増えていく。報告に重きを置きすぎていると、10 分ごとに報告させてしまっており、継続しての作業時間が細切れになっていることに気づきにくい。10 分に 1 回なにがしかの報告をするような作業は実際にはほとんどない。1 時間よりもっと長い時間作業に従事し続けて、相当量の作業が終わったときに報告するのが一般的である。作業学習で目指すのは、そのような形態である。生徒に応じて、報告の場面を設定したい。

　また、「分からないことがあれば、すぐに質問してください。」と教師が指示を出している場面にもよく出会う。生徒たちは「何が分

からないのかが、分からない」ことが多い。間違った手順になって
いることに生徒自身が気づかなかったり、材料に傷があることを見
逃したりすることなどが起こる。気づかないのであるから、質問の
しようがないのである。教師が一緒に作業をする中で、そうした場
面を早く発見し、一つ一つ本人が気づくように働きかけていくのが
よい。叱責や注意は生徒が委縮するだけである。繰り返し失敗して
しまう場合は、じっくりと作業の様子を観察し、自助具を作成した
り、その工程だけのコツを示したカードを用いたりして、速やかに
具体的な手立てを講ずる必要がある。作業学習での失敗は指導の
チャンスである。生徒と一緒に乗り越えてこそ、指導の専門性があ
るといえよう。

（7）外注作業を積極的に

　外注の作業は積極的に受ける方がよい。材料が届けられて、一定
の作業をした後の製品が納品されていくという、外部から注文のあ
る作業は仕事に特化して取り組みやすい。こうした作業は、一般の
物流、企業の製品づくりの中に組み込まれており、現実度が極めて
高い。製品の品質も厳しく問われることになるので、自ずからきめ
細かな指導が求められることになる。

　品質の悪い製品は、自分たちの学校の信用を下げるだけでなく、
作業を提供してくれている企業の信頼にも影響する。心して作業に
あたりたい。

　一般企業は学校で作業に取り組んでいることを知らない。進路課
の職員はいろいろな会社を訪問するとき、学校でもできる作業はな
いかと考えて仕事を見てくることが大切である。もしあれば、企業

に働きかけてみる。作業の難易度、材料の単位、納品の単位、材料が入ってから納品までの期間などを聞いて、学校に無理のない範囲で作業を提供してもらえるかどうかを企業に確かめた後、校内で作業内容を検討し、試験的に材料を提供してもらう。作業を複数の職員が実際に行ってみて工程分析をし、さらに担当できそうな作業班の生徒と一緒に取り組んでみて、見通しが立てば学校として引き受けさせてもらうことになる。

　生徒たちにとっては取り組みやすい作業であっても、材料の基本単位が大きすぎ（数千個単位で材料が入ってくる）たり、組み立てた製品が大きかったりして、校内に広い保管場所が必要になる場合や、納期が短くて仕事に追われすぎる場合、学校行事のときに最も仕事が忙しくなる場合など、受けられないことも実際には多い。そうしたことをクリアできて、なおかつ学校にとっても、仕事を提供してくださる企業にとっても良い条件で仕事ができることが望ましい。

　さらに、仕事を受ける場合は、それなりの覚悟が必要である。ダメな製品を多く出してしまった場合の賠償、作業場所の整備など費用がかかるなことも少なくない。しかし、そうしたリスクを勘案しても、外注の作業には魅力がある。ぜひ取り組んでいきたい。

（8）知識・技能と態度・意欲の評価

　作業学習においては、仕事に関わる具体的な知識・技能を獲得することは作業を進めるうえで必須のことである。まじめによそ見をせずに作業に取り組んでいて、指示があれば大きな声で返事ができていたとしても、実際に製品を作れないということであれば高く評

価されることはない。むしろ態度だけよいことが問題にされるだろう。

　教師は生徒が作業に取り組みやすい環境設定を行い、効果的に必要な知識・技能を指導する方法を工夫していかなければならない。まず、作業を遂行するために必要な知識・技能を、簡単なものから高度なものまで、また、易しいものから難しいものまで、項目として段階的に整理しておくことが必要である。

　知識・技能について学習が進んできたかどうかは、実際の作業の様子を観察することで評価できる。また、単位時間あたりの生産量（作業量）の増減、失敗数の増減、出来上がった製品の仕上がり具合などでも評価が可能である。全項目のうち簡単な方からどのくらい習得したかを評価していけばよい。

　一方、作業に取り組む態度と意欲も適切に評価する必要がある。これらは、作業学習では先に述べた知識・技能と合わせて非常に大切な指導要素である。

　望ましい作業態度は、知識・技能と同じように整理して項目として挙げておくことができる。定期的にチェックして、学習が必要な項目について指導していけばよい。このとき、気をつけなければならないのは、不十分なところを指摘して直すように指示するばかりでは、指導効果が上がらないということである。少しでも望ましい態度が見えたときに、それがたとえ満足できる態度でなかったとしてもほめることが大切である。本人は頑張っているつもりなのだから、不十分であるとの指摘ばかりを繰り返しても、それは生徒の気持ちをくじくだけである。望ましい態度に少しでも近づいているなら、それをほめて評価していく方がよい。

意欲は、上述した知識・技能及び態度の評価を総合的に見ることによって評価できる。意欲があれば、知識・技能の習得も早く、作業スピードがアップして作業量も増加するし、望ましい作業態度で作業をすると考えられるからである。教師は、生徒が作業に意欲を持って取り組んでいるかどうかを、生徒のどのような様子で見ていけばよいかをあらかじめ考えておくとよい。作業の時間の様子だけでなく、作業に意欲があるかどうかは作業の時間が始まる前と終わった後の様子からも知ることができる。意欲のある生徒は早く作業服に着替えて、時間に余裕をもって作業場所に来る。また、仕事の段取りを考えて準備をする生徒もいる。作業時間が終わった後は、次の作業のことを考えて使った道具を使いやすいように整理したり、途中になっている作業に取り掛かりやすいように片付けたりする様子が見られるものである。生徒のこのような姿からも意欲を見ることができる。これらの点については、指導する教師も生徒自身が考えて準備ができるように、また次の作業を考えて後片付けをするように指導していかなければならない。

　意欲を評価するのが難しいという話を聞くことがある。一般的には何事においても人の内面を評価することは簡単ではない。だから、評価しにくいと感じてしまうようだ。しかし、我々は「あの人はやる気がある。」「彼は意欲的だ。」と人について印象を持つ。そうした印象は、対象となる人の話す言葉、内容、仕事ぶりなど、私たちが直接見たり聞いたりするその人の様子をもとにしているはずだ。生徒たちと一緒に作業をする中で、彼らの変化を丁寧に見取っていけば、意欲など内面の変化にも気づいていける。こうした内面の変化のような見えにくいものを見ていく工夫が必要である。

（9）残　業

　作業学習では、仕事のノルマ、その日のうちに仕上げなければならない作業量が目標としてあることが当たり前である。普段の作業日は、何とか作業時間に終わるように目標作業量を設定しているが、「文化祭で販売しよう」という単元を展開していて、目標作業量に達しない場合などは、高等部であれば放課後に生徒を残して作業を行うことがあってもよい。日常的に行うのではなく、販売会に向けての特別な事情の中で行うのであれば、作業は忙しいこともある、また残って仕事をしなければならないこともあるということを学ぶ機会である。頑張って目標数を達成した後の販売会は、いつも以上に生徒たちも力が入るに違いない。

11　給食指導

　学校では給食を指導する。小学部から高等部まで、それぞれの年齢段階に合わせて指導していくことが望ましい。

　給食の指導では、まず食事は楽しい時間であることを経験させることに重点を置きたい。食事のマナー、偏食などの指導は確かに大切であるが、その指導に一生懸命になるあまり、食事が楽しい時間でなくなってしまうのは本末転倒である。おいしいものをまわりの人たちと一緒に楽しく食べるというのが基本である。

　そのことを理解したうえで、偏食の指導は学校の給食に慣れる小学部1年生の途中から中学部3年生までで行う。小さなときは食べず嫌いなものが多いはずだ。一口だけでも口に入れてみるというこ

とは、食べられるものを増やすためには必要だ。小さな、ほんの一口からで十分である。偏食指導では欲張ってはいけない。ほんの少しずつでよいから、いろいろな味に慣れさせていくことである。一口食べられたから、もう一口…というのはやめよう。たぶん、子供の側からは終点が分からず、苦しい指導になる。

　高等部に入ったら、それまで取り組んできて食べられないものは、嫌いな食べられないものとしてしまおう。そして、嫌いなものが出てきたときの対処法を指導するのがよい。その方が実際の生活では役に立つ。どんな人にも苦手な食べものはあるものだ。高等部になって食べられるものを増やす指導というのは難しい。ただ、黙って残すというのは、作ってくれた人に対して礼を失するからよくない。自分の食べられないものが出てきたときには、「ちょっと苦手なので、ごめんなさい。」と言って他に誰か食べてくれる人がいないか探す方法を指導しよう。先にも書いたが、食事は楽しい時間なのだ。この基本を絶対に忘れてはならない。食べる人も、作ってくれた人も、みんな気持ちよく食事ができるように指導しよう。

　また、量を増やすときには、はじめから大盛りにしないことである。小盛を食べ終えて、おかわりをすることができることを教えていく。食べたいものは、おかわりができると分かっていけば自ずとたくさん食べる日がくる。その日に、たくさん食べられたことをほめるのがよい。「好きなものばかりたくさん食べて！」と言いたくなるかもしれないが、大目に見よう。そんな日もあるのだ。

12　学校からの通信

（1）学級だより、学年通信などはメッセージ性のあるものに

　保護者に対して、児童生徒が学校で活動する様子を知らせることは、大切な業務である。ぜひ、いろいろな学習について、目的、方法、実際の学習時の様子、成果などを分かりやすく知らせたい。子供たちの様子が生き生きと分かるように作成する。もちろん、写真を使って文章だけでは伝わりにくい雰囲気を伝えることもよい。

毎日の連絡帳で細かく児童生徒の様子を知らせるのは、時間的な制約のためになかなか難しい。また、子供たちは案外学校での出来事を保護者には伝えていないものである。だからこそ、通信は保護者との信頼関係、協力関係を築くためにも有力な方法であることを意識したい。形として残るものであるから、内容を絞り込んで分かりやすく読みやすい文章を作成し、しっかりとしたメッセージ性のあるものにすることが大切だ。一部の保護者はファイルにきちんと綴りこんで保管しているものである。学校での児童生徒の楽しい様子、家族で話題にして子供をほめたくなるようなエピソード、学習の成果などを明るい文の調子で書き上げたい。さらに保護者に知っておいてもらいたい学校の取り組み、行事のこと、福祉制度なども伝えたい。保護者がこうした学校からの通信を楽しみにして待ってくださるようになることを目指そう。

（2）体裁にこだわろう

　時折、写真ばかりの通信を見ることがあるが、文章があまりにも少ないとメッセージ性が乏しくなる。伝えたいことがあるから通信を出すのであって、ただ学校での様子を写真で見てもらうためのものではない。

　通信を出す頻度は、小学部低学年ほど多く、徐々に少なくしていく。2週間に1回、または月に1回くらいのペースでも十分である。中学部や高等部では学期に数回ということも考えられる。発行する頻度が少ないときは、タイムリーに出すことを心がけたい。修学旅行が終わったらすぐに出すのがよい。旅行後1か月以上過ぎてから出すのでは、読み手の感動も薄いに違いない。

カラー印刷は、特別なときにする。毎回カラーで印刷しなくても
よい（もちろん予算的に状況が許せばカラーでもよいが…）。合宿
や修学旅行、文化祭など大きな行事の特集号などはカラーで出せば
よい。

　分量的にはＡ４判の両面印刷が適当だろう。片面印刷でもよいが、
書こうと思えば記事はいくらでもあるはずなので、基本は両面印刷
で考えたい。特集号は、ボリュームのあるものにするのがよい。

13　保護者との連携・協力

　特別支援学校で教育効果を上げるためには、保護者との連携、協
力がきわめて大切である。当たり前のことではあるが、もう一度そ
のことを確認しておきたい。学校生活の中での細々した小さなこと
を丁寧かつ確実に行うことで保護者との信頼関係を築いていくこと
になる。まずは保護者の話を聞き、思いに寄り添うことがなにより
大切だ。保護者は学校にどのようなことを期待しているか、子供の
どのような点を伸ばしてほしいと思っているか、また、子供のこと
で家庭で何か困っていることはないかなどを聞こう。通り一遍に話
を聞くのではなく、じっくりと耳を傾ける。そして、想像力を働か
せて保護者の気持ちになってみることだ。

　保護者が希望することすべてを学校で叶えることは難しいかもし
れない。しかし、はじめから「～しかできません。」「～の対応はし
ていません。」とできないことを並べたてて学校の体制を説明する
だけでは保護者の気持ちにより添うことはできない。保護者は学校

の中のシステムを知らないことが多い。どのように学校という組織が動いているのかを理解する機会もない。保護者自身の子供に対する夢や希望を正直に話しているのである。そうした話を聞いて、何とか実現させる方法はないか、実現とまではいかなくても保護者が望む方向へ少しでも進むことができないのかを考えるのが私たちの仕事なのだ。学校の中のことやシステムは私たち教師がよく知っている。だからこそ、子供と保護者の思いにそった教育を展開するためのよい方策を考えることができる。こちら側の枠組みを先に決めてしまい、児童生徒をそれに合わせていくだけだと、必ずその枠組みで対応できないことが生じてくる。

　保護者の話をよく聞き、できることはすぐに取り組み、時間がかかりそうなことは上司にも相談して計画的に進めよう。保護者に柔軟に対応するために、保護者の話をおおらかに優しい気持ちで受け止めたい。いろいろな話を聞かせていただくことで、児童生徒の家庭的な環境、これまでの育ちに関する様々なことを知ることができる。子供たちの今の状態に関する背景を理解していることは、彼らに関わるときに大いに役立つはずである。

　学級通信などを通じて学校での様子を丁寧に伝えるとともに、懇談会や通知表渡しの折に、個別に話をする時間を設けて上記のようにいろいろな話を聞かせていただき、学校での様子も具体的に伝えるようにする。そして、家庭でも協力していただけるところ、学校で子供たちに関わるときにさらに気をつけることについて互いに了解し合うのである。子供たちが学校で過ごす時間は起きてから寝るまでの時間の一部である。学校と保護者が緊密で協調的な関係にあることは、学校で学習したことを生活の中で定着させるために、ま

た学校での指導を実生活に結び付きやすいものにするためにきわめて重要である。ぜひ教師の側から保護者に積極的に働きかけていきたい。

14 教室に植物を置く、生き物を飼う

　教室の窓際や後方のロッカーの上などに植物を置く。観葉植物がおすすめだが、花を次々と咲かせる植物もよい。管理が簡単で長持ちする植物を選ぶのがポイントだ。

　教室に植物があるというのはよいことである。水を忘れずにやらなければならない。毎日水やりをする植物もあれば数日に一度でよいものもある。ときには肥料も与えなければならない。枯れた葉や咲き終えた花は取る必要があるし、ある時期には刈り込むことも必要だ。

　つまり、教室の中に変化が起こるものがあるのであり、それに合わせて児童生徒がする仕事があるのである。はじめから係分担して、子供たちの仕事にする必要はない。まずは教師がそうした世話をすることだ。そして、児童生徒に話しかけるのである。「今日はきれいに花が咲いたよ。」「オリヅルランの子ができてきたよ。」などと。そのうちに必ず子供が手伝ってくれるようになる。そんなときは子供にお礼を言う。ほめるチャンスだ。まめに世話を続けてきても、ときには植物が病気になり枯れることもある。このことも勉強なのだ。

生き物を飼うのもよい。中でも金魚は飼いやすいものである。毎日エサやりをし、１か月に一度くらいは水を替える必要があり、世話が必要だ。きれいな水の中で優雅に泳ぐ金魚は見ていると心が安らぐ。大きな水槽で、珍しい魚などを置く必要はない。金魚も丈夫で管理が簡単な和金がおすすめだ。大きな水槽は水換えも大変で、しかも重いから管理が難しい。だから小さな水槽で十分だ。世話をしていても金魚が死んだりすることがあるのは植物が枯れるのと同じだ。徐々に子供の仕事としていくが、教師も一緒に活動するのである。中学部や高等部はクラス担任であっても、自分のクラスの生徒と過ごす時間は案外少ない。部活動のない放課後、学校に残ることができる生徒と一緒に話しながら水槽を洗うのは楽しいものだ。

　植物でも動物でも、自分たちが世話をしなければならないものが教室にあるというのはよいことである。花が咲いたのも、枯れたのも、金魚の元気がないのもみんなの共通の話題になるのだ。どうしたらよいかを一緒に考える種にもなる。周りのことに気づける子供は話題が豊富になっていく。教室のことだけでなくて、通学路の花にも気づくようになるかもしれない。

　植物と金魚などのある教室は、環境としても潤いのあるよいものだ。植物も１鉢か２鉢で十分で、たくさん置いておく必要はない。金魚も多く飼う必要はない。

　気をつけなければいけないのは、植物の中にはかぶれるものがあることである。きれいな花が咲くのだが、漆の仲間で手入れをするとひどくかぶれるものがある。また、鋭いとげのある植物は避けたい。植物や金魚を教室に置いてもっともしてはいけないのは、枯れたものをそのままにしておくことと、藻が生えて中が見えない水槽

を置いておくことである。これらは世話をしてきれいな状態で置かれてこそ意味がある。世話が大変だから何も置かないというのではなく、積極的に子供と一緒に取り組んでみてほしい。

おわりに

　若いＡ先生の研究授業でのことです。導入でうまく子供たちの気持ちをつかみ授業に引き入れました。板書も工夫されていて、滑り出しは好調でした。いよいよ、本時の中心課題で先生が発問。授業を見ていた私は、ちょっと子供に分かりにくいのではないかと感じました。予想通り教室の子供たちは沈黙。心配しながら見ていましたら、Ａ先生は次の一手をしっかりと準備していました。選択肢を示して子供たちが答えやすく、また考えを整理しやすい発問が続きました。

　同じく若いＢ先生の授業でのことです。上述のＡ先生と同様に中心課題までとても順調で、教師の発問に対する生徒の応答も活発でした。ある生徒が自分の思いを発表し、新しい問いを加えました。どうするだろうと見ていましたら、指導案に書いてある予定していた課題にこだわらず、生徒の発した新しい問いに基づいて授業が進んでいきました。その問いは中心課題を深めるためのよい内容だったので、素晴らしい授業になりました。

　今度は中堅のＣ先生の授業でのこと。導入で前時の復習を始めたら、子供たちがノリノリになりました。調子に乗ってやりとりしているうちに予定よりかなり長い時間を導入に費やしてしまいましたが、授業全体で見れば最後まで子供たちがハイテンションのまま、楽し気に精一杯活動する展開になっていました。

　こうした先生方の授業を見て、「本当に力をつけられたものだ」と頼もしく感じ、何度も心が励まされました。学校には、目を輝かせている子供たちの元気いっぱいの声が響いています。この子供たちを少しでも成長させたい。そのために、先生方には指導力を少しでも高めていっていただきたいと強く願うものです。大きな可能性をもつ子供たちと若い教師の未来を信じて、私自身も学び続けていきたいと思います。お読みいただいた方から、多くのご叱正とご指導をいただきますようお願いいたします。

本書は、ジアーズ教育新社代表取締役の加藤勝博氏の大きな励ましにより刊行することができました。編集では市川千秋氏に最後まで温かく応援していただきました。出版に向けて大変なお力添えをいただいた両氏に深く感謝申し上げます。

平成 30 年 2 月

佐伯　英明

プロフィール

佐伯　英明（さへき　ひであき）

1957年（昭和32年）生まれ。昭和55年国立金沢大学教育学部卒。知的障害と肢体不自由の学校に勤務。昭和58年の国立特殊教育総合研究所での長期研修をきっかけに、以降継続して応用行動分析学を学び児童生徒の指導に生かす。学校現場と県教育委員会に交互に勤務して特別支援教育について視野を広げる。県教育委員会では教育センターで教員研修と教育相談を、教職員課で人事を、学校指導課で県全体の特別支援教育指導業務を担当した。平成25年より石川県立錦城特別支援学校長、平成26年より石川県立明和特別支援学校長、平成28年より石川県立いしかわ特別支援学校長。複数の学会や県内の自主研究サークルに所属して、効果的な指導の在り方について学び続けている。